業務改革(BPR)の理論と実践

オペレーショナル・エクセレンス

OPERATIONAL EXCELLENCE

田中陽一

杉山徳伸

住吉光博

CROSSMEDIA PUBLISHING

はじめに

　出版不況と言われて久しいがそれでも書籍店のビジネス書コーナーには多くの新刊本が今日も並んでいる。"生成AIと〜"、"DXのもたらす〜"、"〜の思考法"、"生産性向上のための〜"、"入社1年目の〜"等々、耳目を集めるキーワードを冠したタイトルが並ぶ。そんな中、本書が焦点を置くのは"業務改革"。いかにも地味であろう。英語にしたところでオペレーション。新鮮味を与えるワードとは言えない。それでも関心を持って手に取ってくださったアナタ、まずはありがとうございます。

　業務改革とは仕事の進め方を変えることに他ならない。それは企業で行われるすべての営みを対象とするが故に「広い」し、その達成に終わりはないがために「深い」。どれほどその響きが地味であろうが、単発的にもてはやされるどんな事象よりも、企業経営の革新にとって決定的な重要性を持つ。

　業務改革とは古くて新しいテーマである。唐突だが浮世絵の制作工程を見てみよう。

- ・版元が企画を立てる
- ・絵師が原画を描く
- ・彫師が主版を彫る
- ・絵師が版を色分ける
- ・彫師が色版を彫る
- ・摺師が版木を紙に刷る

はじめに

　古くから存する浮世絵の制作ですら個人では完結しない。そこには必ず「受け渡し」があり、組織間の連携が必然的に発生する。いわんや現代の企業活動においてをや。そして組織間インターフェイスが生じるところには常に業務改革の余地があるのだ。あなたの所属する企業の仕事が浮世絵制作よりも工程として複雑であり、より多くの人員を必要とするのであればなおさらである。

　業務改革は地味ではあるけれどもそのもたらす効用は大きい。支援した業務改革の結果、「コストが下がった」との経営層からの感謝よりも、「より効率的になり余裕ができた」との一社員の声の方が心に残っている。巷間に跋扈する流行語に飛びつくよりも、足元を見据えた業務改革を通じて効果を着実に刈り取って行こう。オペレーショナル・エクセレンスを目指すジャーニーを本書の通読で共に歩んでいただけるよう願う。

はじめに ……………………………………………………………… 2

序章
洗練されたオペレーションの価値

- 01 企業を支える３つのチカラ …………………………… 10
- 02 求められる経営の認識変化 …………………………… 13
- 03 変化対応の源泉 ………………………………………… 16
- 04 増加する専門家と俯瞰目線の欠如 …………………… 18
- 05 本書の構成 ……………………………………………… 21
- 06 チームの仕事が個人を輝かせる ……………………… 24

オペレーショナル・エクセレンス 事例 1
収益を生むオペレーション ── ナイキ ……… 25

第Ⅰ部
オペレーショナル・エクセレンス 理論編

- **01** 業務品質が高い企業の特長 ……………………………… 30
- **02** オペレーショナル・エクセレンスを
  実現に導く3つの要素 …………………………………… 36
  - 〈1〉管理指標 ……… 37
  - 〈2〉業務体系とITシステム ……… 41
  - 〈3〉人材リソース管理 ……… 53
  - **Column** コンサルティング業界における"業務改革テーマ"の位置づけ ……… 59

オペレーショナル・エクセレンス 事例2
競争優位を生むオペレーション ── ZARA ……… 60

第Ⅱ部
オペレーショナル・エクセレンス 実践編

- **01** オペレーショナル・エクセレンスへの道 ……………… 64
- **02** 4つの可視化と整流化 ……………………………………… 66

03	業務の可視化 ……………………………………… 67
04	問題の可視化 ……………………………………… 71
05	業務の整流化 ……………………………………… 81
06	暗黙知の可視化 …………………………………… 88
07	結果の可視化 ……………………………………… 91
08	人ではなく仕組みで回す〜定着化に向けて ………… 97
09	仕組みを実態に追従させ続ける ………………… 102
10	風土としての定着化へ向けて …………………… 107

オペレーショナル・エクセレンス 事例3
オペレーションモデルによる高収益の実現 ── キーエンス ……… 110

オペレーショナル・エクセレンス 事例4
ディスコン推進でオペレーションを軽くする ── 大塚商会 ……… 112

終章
改革人材(トランスフォーマー)になろう

01 改革人材に必要な要素 ………………………… 117
02 改革人材をどう育成するか ……………………… 122

序章

洗練された
オペレーションの価値

オペレーショナル・エクセレンスというテーマを論じる前に、読者に知ってもらいたい概観を大きな視点からとらえて、「理論編」「実践編」への理解を深めていただきます。

01 企業を支える3つのチカラ

　この本はモノづくり企業のために書かれている。とりわけ稼ぐ力を錬磨させたいと願うマネジメント層に向けて書かれている。自社の技術力に誇りを持ち、顧客からの安定した支持を得つつも、投資余力や従業員への還元に繋がる利益が十分に上がらないと感じている経営層に向けた内容である。

　1995年マイケル・トレーシーとフレッド・ウィアセーマはその著書『ナンバーワン企業の法則』の中で優良企業の3つの価値基準として以下の3点を挙げた。

　1．カスタマー・インティマシー
　2．プロダクト・イノベーション
　3．オペレーショナル・エクセレンス

　1つ目は「よい顧客をつかむ」。顧客と親密な関係を築き、関係を強固にすることで顧客を囲い込み、長期の安定した良好な関係を築いて戦略的優位性を構築する考え方だ。言うまでもなく製造業各社はよい顧客を獲得せんと必死の努力を重ねている。B2BであれB2Cであれ、国内であれ海外であれ、顧客の意向やフィードバックを無視する事業体は存在しないだろう。

　2つ目は「よい製品を生む」。他社を圧倒する製品（またはサー

図1　モノづくり企業における、3つの力

業務で利益を生む力
オペレーショナル・エクセレンス
Operational Excellence

よい顧客をつかむ力
カスタマー・インティマシー
Customer Intimacy

よい製品を生む力
プロダクト・イノベーション
Product Innovation

ビス）の実現を通した優位性の確保だ。ここで大きく競合を凌駕していれば、業績は上がるであろう。これもまたその重要性や取り組みの真摯さにおいて多言を要する必要はない。この点への情熱を保持しない事業体もまたあり得ないと言ってよい。

　3つ目は「業務で利益を生む」。「よい（＝強い）オペレーションを回す」と換言してもよい。よい製品やよい顧客と同等またはそれ以上のエネルギーをその錬磨に注いでいると言い切れるだろうか。多くの企業が、「重視している。日々の業務で業務の洗練度合いの向上に努力している」と答えるだろうが、それで十分とは言えない。たとえ製品が他社に比して特段秀でていなくても、またマーケットシェアが際立っていなくても、オペレーションを洗練させることで利益を確保・拡大することができる。製品が尖っていても、その結果として顧客から大きな支持を得られたとしてもオペレーションが冗長だと利益は上がらない。決して他2つの観点と比較するのは本意でないが、各社のトップ層との会話の中でオペレーションの巧拙に焦点が絞られるのは稀だ。そしてそこ

に盲点がある。

　製造原価にそれほどの違いがなく、売価も似たり寄ったりなのに利益率に差が出るのはなぜか。どの企業も比類なき製品価値を求め、原価の低減で他社をしのぎ、競争力のあるプライス設定に努力しているだろう。だが、マーケットの実態に目を転じた時、そこに必ず競合は存在するし、原材料調達は自社では完結しない。多くのケースにおいてレッドオーシャンで戦いつつ、その原資をブルーオーシャンでの勝者を目指して戦略領域に投じている。両利きの経営のいわれになぞらえれば、深化しつつ探索しているとも言えよう。A社とB社では原価も売価も大きく異ならないのに、営業利益で小さくない差がついている。ではその原因は何だろうか。その答えをオペレーショナル・エクセレンス、すなわち洗練された業務に求めるのが本書の主張である。

　仮に貴社が扱っているのが汎用品の電子部材であるとしよう。コスト削減の努力は習い性となって企業風土に浸透しているし、安定顧客も長年の取り組みで一定程度確保していると。だが汎用品である以上顧客もBCP（事業継続計画）の観点から一社購買にはしないだろう。貴社の製品がどれほどのスペックを誇ろうとも（Product Innovation）、顧客に対する忠実な姿勢を貫こうとも（Customer Intimacy）、これはもはや個社の事情ではどうにもならないマーケットの軛だと言ってよいだろう。それでも貴社は利益を上げなければならない。そしてそれを新たな比類なき新製品開発に、顧客開拓に注ぎ込まなければならない。それを強い業務（Operational Excellence）の実現を通して達成しようと言いたい。

02 求められる経営の認識変化

　強いオペレーションは間違いなく経営の武器である。企業のトップの任にある者が新製品開発と売上高推移には高い関心を示すが、いざ業務コスト（部材コストではない）となると熱量が一段下がってしまう。「自社はそのようなことはない」と本当に言い切れるだろうか。
「現場で行われている改善の積み重ねはいつも応援している」、「作業従事者の地道な努力には敬意を払っている」。この言い方にはどこか他人事の色合いを帯びているように感じられてならない。
　あるクライアント企業で業務改革プロジェクトの旗を掲げるべく役員会にその実行答申を諮った。その際のリーダーの唱えた主張は以下のとおりである。
「業務改革プロジェクトを成功に導くには2つの壁がある。現在の部門間のしがらみを取り払い、全体最適を実現するための壁。部門の壁と言ってもよいし、現状認識の壁と言ってもよい。これはプロジェクト活動の中で挑戦し突破して見せる。だがその前に第一の壁がある。それは経営層の関心だ。新製品開発や新規市場開拓、目前に迫った大型案件の受注等と同等ないしそれ以上の関心を要求したい。それが得られないならプロジェクトを始めないほうがマシである。この答申は取り下げる」

図2

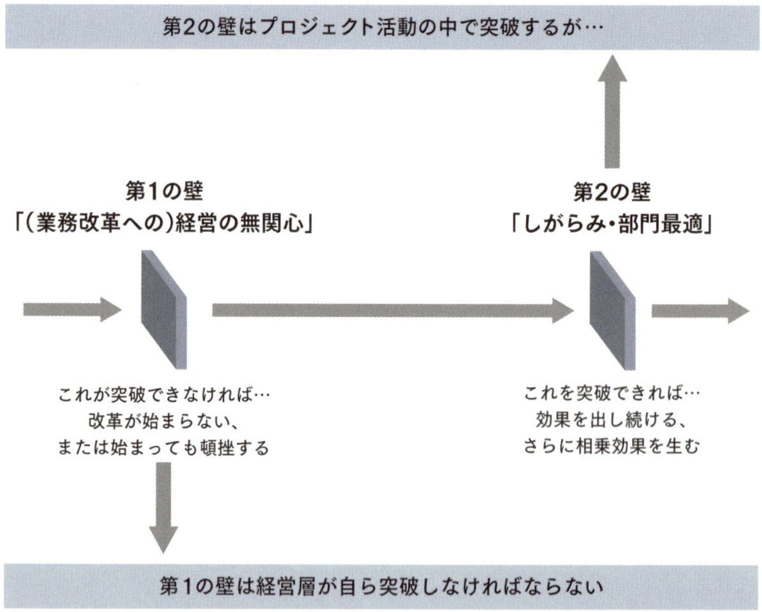

第2の壁はプロジェクト活動の中で突破するが…

第1の壁
「（業務改革への）経営の無関心」

第2の壁
「しがらみ・部門最適」

これが突破できなければ…
改革が始まらない、
または始まっても頓挫する

これを突破できれば…
効果を出し続ける、
さらに相乗効果を生む

第1の壁は経営層が自ら突破しなければならない

果たしてこの主張は我が社では無用であると言い切れる経営者がどれだけいるだろうか。

　経営戦略・事業戦略と人は言う。どこもかしこも戦略の重要性を説く。果たしてその中身は何だろうか。この市場にこの製品を投入する、あの顧客に新たなアプローチを展開する、要素技術開発を通じて商品化を果たす。いずれも大いに結構だ。だが、問題にしたいのはオペレーション戦略がどの程度の比重と量でその経営戦略・事業戦略の中で語られているかだ。数十ページに及ぶ経営戦略資料の中で業務改革やオペレーションの錬磨に割かれるのはほんの１〜２ページで、しかも最後の方であるといったら僻みに過ぎようか。

　TSMCといえば"Pure Play Foundry"として知らぬ者のいない、世界に冠たるプレーヤである。そして彼らは自前の製品をつくってはいない。創業者モリス・チャンはかつて講演で次のように語った。

「経営者が考えるべきは自社の製品やサービスよりもビジネスモデルである」

　ビジネスモデルとオペレーションモデルでは意味するところは必ずしも同一ではないが、「よい製品をつくれば売れる」「よい顧客を獲得すれば業績が上がる」との思考とは異なる視点を提供するので相通じるものがあろう。経営者の真の関心を喚起したい。

03 変化対応の源泉

　ビジネス環境や市場・組織・個人などあらゆるものを取り巻く環境が変化し、将来の予測が困難になっている状況においてオペレーションモデルは如何に変化に追随するのか。

　下の図に沿って説明したい。事業戦略を立案するにはその前提となる外部環境・市場要望・競合変化（１）をまず把握する。そ

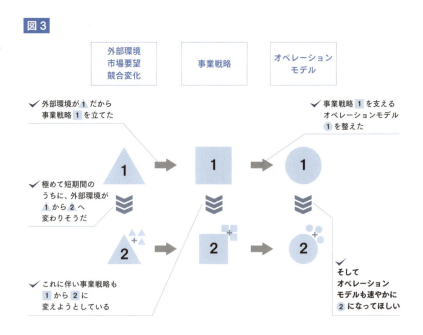

図3

の結果立案された事業戦略（ 1 ）を支えるべくオペレーションモデル（ 1 ）が構築される。しかしながら、外部環境や市場要望は極めて短時日の間で変化してしまう（ 2 ）。そしてそれは必ずしも予測し得ない。戦略立案時にいくつものシナリオを描き出してシミュレーションするのは有意義な活動であるが、それでもなお"ハズレ"は起こり得る。むしろ変化を曲解し既存のシナリオの内側に収めようとする牽強付会こそが危険であろう。VUCA（Volatility-変動性、Uncertainty-不確実性、Complexity-複雑性、Ambiguity-曖昧性）はそういう時代潮流を言い表している。外部環境の変化に応じた事業戦略の更新を躊躇うべきではない（ 2 ）。朝令暮改を是ととらえむしろ積極的にアップデートをすべきだ。

　問題はそこでオペレーションモデル（ 2 ）を迅速に変化させられるかにある。戦略の巧拙よりも実行のスピードの方を重視したい。意思決定が変わってもイチから再構築せずとも済むオペレーションモデルこそが重要なのだ。地政学的変化は予測が難しく、一度立案した戦略の陳腐化スピードは増している。戦略変化の都度、それに対応する業務体系を再構築する余裕は許されない。巷間、戦略思考の重要性が頻繁に語られる。"経営戦略"なるキーワード検索をするだけで万巻の書が執筆されてきたし、今日もだれかが書きかつ唱えていることであろう。本書で扱うのは経営戦略論ではない。むしろ「経営戦略が変わってもその変化を如何に吸収するか」にこそ力点を置いている。戦略を間違えても結構だ。意思決定をやり直しても結構だ。オペレーションモデルでその影響を最小限に留めて見せる。これこそが本書のメッセージである。

04 増加する専門家と俯瞰目線の欠如

　ではどうすればオペレーショナル・エクセレンスを構築できるのか。本書のメインテーマに入る前に巨視的な観点から一点申し述べておきたい。いきなりだが、アメリカの教育哲学者ロバート・ハッチンスの言葉を紹介する。

> 「現代は専門化、瑣末化が進み、このままでは狭量の専門家によって社会が占拠される危険を感じる。文明にとって最大の脅威は、無教養な専門家によるものである」
>
> ロバート・ハッチンス　1949年ゲーテ生誕200年祭にて

　ハッチンスの指摘は20世紀半ばの社会文明論だが、21世紀のビジネス社会にも、また業務改革にも十分通用するのではないだろうか。
　最近、世の中のいたるところで過剰なまでの専門化が進んでいる。エキスパート礼賛のかげには俯瞰して物事を見る機会の喪失が同時に発生している。この専門化の進行とバランスの取れた判断力の欠如はビジネスの世界にも当てはまり、業務構築において営業・設計・調達・製造・物流・品質管理・経理といったバリューチェーンの各職能には優れたベテランが配置されているが、全

体としては硬直化しており、機動性・柔軟性を欠くという事例は枚挙にいとまがない。自分の家は隅から隅まで知っているが、隣家のことはよくわからない。それでは地域一体となった対応など望むべくもない。専門家とはその希少性ゆえに貴ばれはするが、同時に瑣末化をもたらす存在でもある。

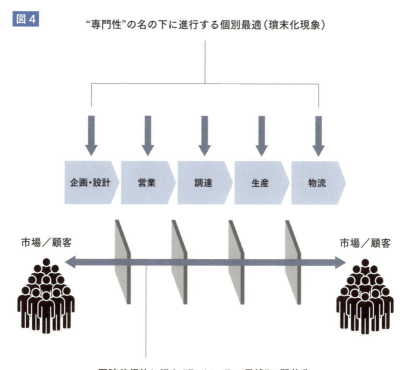

図4　"専門性"の名の下に進行する個別最適（瑣末化現象）

同時並行的に進む"End to End目線"の弱体化

営業は数値目標の達成に向けがむしゃらに年度末に受注を取って来る。結果として工場生産は平準化されない。調達は部材を切らしてはならじと長納期部品の大量発注に走る。結果は在庫の山となる。設計は価値訴求を旨に凝った製品を開発するが組み立てやすさは加味されず、ラインの生産性が上がらない。

　それぞれの職能は与えられたミッションを達成すべく真摯に業務に当たっているが、それだけではオペレーションの最適解にはならないのだ。全体感を持ってEnd to Endの観点から全体調整や総合的判断を下すのは誰か。それを事業のトップに委ねているようではまさに文鎮型組織そのものであり、いくらなんでも頼りすぎというものである。本当に強い業務は組織で作り上げるものだ。専門性を大事にしつつも、深いが狭い"タコツボ状態"に陥ることがないよう横軸を忘れない組織風土を醸成したい。

05 本書の構成

　本書は主に理論編と実践編から構成されている。
- 序　章　洗練されたオペレーションの価値

- 第Ⅰ部　オペレーショナル・エクセレンス理論編

　オペレーション力が卓越した企業に共通する要素とは何か。その解きほぐしから始まり、オペレーショナル・エクセレンスを手にするには何に取り組めばよいのかを次の３つの要素に分解して説明する。
- 「指標が整っている」
  - →〈１〉管理指標
- 「仕組みが整っている」
  - →〈２〉業務体系とITシステム
- 「適材が適所に配されている」
  - →〈３〉人材リソース管理

　〈１〉管理指標は「目指すべき旗」、〈２〉業務体系とITシステムは「器」、そして〈３〉人材リソース管理は「中身」と言えるだろう。いずれもオペレーショナル・エクセレンスを構成する重要な要素だ。

■第Ⅱ部　オペレーショナル・エクセレンス実践編

　理論編で紹介する３つの要素をどうつくり、どう導入し、そしてどう定着化させるのか。具体的な進め方を紹介する。個々の要素のつくり方というよりもそれらを包含した総称としてのBPR（Business Process Reengineering）の手法と言い換えてもよい。以下のキーワードを使いつつ説明する。

　①業務の可視化　　：見えない業務をどのように表現するか
　②問題の可視化　　：問題の見つけ方、課題の探り方、真因の突き詰め方
　③業務の整流化　　：現状業務の改善に留まらない"強い"オペレーションの設計
　④暗黙知の可視化：有識者やベテランでしか行えないとみられる業務をひもとく
　⑤結果の可視化　　：個々の業務の経営貢献へのつながりを明らかにする指標

「４（可視化）＋１（整流化）」という構成にて具体的に詳述したい。また構築は一過性のものだが定着化こそより重要であろう。いったん作り上げたオペレーションの仕組みをどう維持発展させていくのか。定着化のヒントも併せて解説する。第Ⅱ部は理論編への応答としての実践編の位置づけである。

■ 終　章　**改革人材(トランスフォーマー)になろう**

　オペレーショナル・エクセレンスを実現するには構築された仕組みの上でパフォーマンスを発揮する人材と共に、仕組みそのものを作り上げる人が必要である。後者をトランスフォーマーと呼び、その育成上の留意点を概説し、結びとする。

　各章の途中に事例紹介をコラム形式にて複数挿し挟んだ。何かしらの示唆、刺激を受け取っていただければ幸いだ。

06 チームの仕事が個人を輝かせる

　冒頭に掲げたマイケル・トレーシーとフレッド・ウィアセーマは『ナンバーワン企業の法則』の中でオペレーショナル・エクセレンスに関し次のように述べている。

　「チームの仕事こそが重要なのであり、個人ではない。全員が戦闘計画とルールを知っていて、ひとたびブザーが鳴れば男女各員すべてがそれぞれになにをなすべきかを的確に心得ている」

　これだけを読むと歯車のような人材が貴ばれるとの誤解を生みがちだが、その直後にこうも言っているのだ。

　「これらの企業は自由闊達な精神を求めている」

　堅牢かつ柔軟性に富む業務モデルは硬直的な人材（言われたことのみを行う）で構成されはしない。むしろ逆である。業務改革は新製品開発や大型案件受注よりも光を浴びにくい営みかもしれない。だが、それは組織を確実に活性化させ、事業強化に貢献するだけでなく、より個人を尊重する結果をもたらすであろう。どこから読み進めてもらっても構わない構成としているが、通読によりその重要性に思いをはせてもらえれば、著者としてこれに勝る喜びはない。

オペレーショナル・エクセレンス──事例

事例 1

収益を生むオペレーション
ナイキ

　ランニングブームが叫ばれるようになって久しい。厚底ブームの潮流は市民ランナーにも及んでおり、箱根駅伝で各校の選手がどのような靴を履いているかが売上に小さくない影響を及ぼす。世界のトップランナーがこぞって選択し、好記録頻発を牽引しているナイキ。日本のトップメーカーとして厚い支持層を持つアシックス。この2社をシューズ性能やデザインではなく、"オペレーショナル・エクセレンス"の観点から比較してみよう。2018年の数字を比較してみる。

	ナイキ ※2018年5月		アシックス ※2018年12月		（単位：百万円）
				オペレーション力の違い	
売上高	3,956,354		386,662		
売上原価	2,221,937	56.2%	206,048	53.3%	原価率はほぼ同じだが…
販管費、他	1,251,246	31.6%	170,150	44.0%	
営業利益	483,172	12.2%	10,515	2.7%	営業利益率は差がある

※ナイキは1ドル=108.7円（2018年5月31日のTTM）として試算

これを見れば、「原価率は似ているが利益率には差がある」ことが一目瞭然であろう。ここで強調したいのはアシックスの製品品質は間違いなく高いということだ。靴づくりに対する真摯な姿勢、シリアスランナーに寄り添い結果にフォーカスするプロフェッショナリズム。デザインだって悪くない。つまり、ナイキ製品の独自性、先進性は注目に値するがアシックスもまた素晴らしい製品を市場に投入し続けており、彼我の差をプロダクト・イノベーションの観点に求めるのは適切とは言えない。

　ではなぜ、アシックスは利益率でナイキに水をあけられてしまったのか。その答えは原理的に財務諸表に求めるより他はなく、販管費の差をオペレーショナル・エクセレンス巧拙の表象として受け止めざるを得ない。換言すれば、よりよい製品を生み、よりよい顧客をつかんでいてもオペレーションに競争力がなければ次製品の開発原資たる利益を生まないし、製品と顧客が他社並みでもオペレーションが優れていれば新たな打ち手を繰り出す余裕が生じるということでもある。

　だが、アシックスもまたその後、業績を大きく伸ばしている。

「アシックスは10年代に販売量を重視したため、価格競争に巻き込まれてブランドイメージも低下する負のスパイラルに陥った。広田氏は18年に社長に就任すると、エントリーモデルの販売を絞り、高価格帯シューズに注力する方針を打ち出した。」（日経新聞 2024.6.17）

製品を絞って業務を軽くする。経営資源を集中させるのもオペレーショナル・エクセレンスのひとつの表象である。同社のシューズを愛好するランナーのひとりとしてシューズ（プロダクト）のみならず、その収益力（オペレーション）にも着目していきたい。

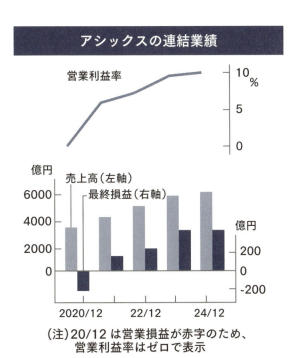

（注）20/12 は営業損益が赤字のため、営業利益率はゼロで表示

第 I 部

オペレーショナル・エクセレンス

理論編

〈1〉管理指標、〈2〉業務体系・ITシステム、〈3〉人材リソース管理を軸に理論編を展開しています。3つの視点を意識して読んでみてください。

01 業務品質が高い企業の特長

　オペレーショナル・エクセレンスとはどのような状態を指すのだろうか。

- ▶より少ない資産・資本で企業活動の成果を上げることができる
- ▶より少ない工数やより短い期間で製品をつくって顧客に届けることができる
- ▶それによって競合他社が真似できない優位性を保つことができる

　いずれも間違ってはいないが、結果としての状態を指しているに過ぎない。教科書的な物言いであり、ここから新たな展開にはつながらない。もう少し踏み込んでどうやって斯かる結果状態を生み出しているのか、その共通点を考えてみたい。

- ▶**指標が整っている**（どこに向かって行動を取るべきかが明確である）
- ▶**仕組みが整っている**（個人の力量に過剰依存しない仕事の枠組みがある）
- ▶**適材が適所に配されている**（スキルが定義され可視化され、育成プログラムが整い、人と機会のマッチングが最適化されている）

これらの特長は筆者が改革支援を通じその内情を見聞きして来た複数の企業のうち、「業務品質が高い」と感じた企業に共通する通奏低音である。

　まず指標だが、すべての指標は単独で屹立はしない。行動指標は必ず結果指標に結び付く。そしてそれは別々に識別され管理される。行動指標の多くは中間指標であり、パフォーマンスの量と質を対象とする。世にいうKPI（Key Performance Indicator）である。他方、結果指標は財務系指標が多く巷間KGIと呼ばれるものである。売上高はKGIで顧客訪問件数はKPIとなる。売上高だけに着目して営業パーソンを叱咤激励するのはマネジメントとしては失格であり、彼らの行動の"中身"に目を配らなければならないのは自明であろう。業務品質の高い企業では常に年単位、四半期単位の目標値だけでなく今取るべきアクションの方に目が向いている。そして、そのアクションが最終的なゴール数値とタイトにリンクしている。FI（Financial Index）とOI（Operational Index）が強く結びついているのだ。

　また、1つの指標は1つの意味を持っている、否、**1つの意味しかもっていない**という状態が大事だ。言い換えれば、同一指標に複数の解釈が存在しない。当たり前のように響くだろうが、単に「売上」をとってもその意味するところは同一企業体の中でユニークとは限らない。日本国内の工場で生産したものを海外販社に輸出しそこでの販売活動に基づいて顧客からの受注に応じて売

上を計上する。こう書けば何ということはないが、海外販社に輸出した時点で本社の「売上」、さらに海外販社が顧客に販売した折に販社の「売上」となる。これだと"売上拡大"が実売ではなく販社または代理店への押し込みになってしまい、連結目線での事業拡大に至らない。事の原因は「売上」が２つの使われ方をしてしまうことにある。オペレーションが高いレベルを保ち、競争力の源泉になっている企業では売上とはあくまでも顧客への実売だけを指し、所属する法人がどこであれ全ステークホルダーがその１点に向かってチカラを合わせる。それが１つの指標が１つの意味を持つことの有効性である。

　次に仕組み。以前、グローバルスケールのコングロマリット企業の経営層から「ウチのマネジャーは1.5流の能力の持ち主で十分務まる」と聞いた。その意を尋ねると「なぜなら"仕組み"が一流だから」との答え。仕組みとはRole & Responsibility（役割と権限）、Metrics（指標）、Tool（情報システム）、Operational Scheme（業務体系）の４つであった。曰く、「これらの"仕組み"はミドルアッパー層にアッパーレベル以上の仕事をさせる」。それは特定の個人の持つ卓越したスキルに過剰に依存しない経営メカニズムを持っているということでもある。一流の人間に一流の仕事をしてもらうというのでは、その人物が去ったのち当該企業の業務はどうなってしまうのだろうか。そんな"属人化"した状態よりも、ある程度の能力があれば誰であってもソコソコの業務品質を達成できるし、類まれなる個性を発揮してもらうためにこそ、低付加

価値業務・付帯業務は仕事のメカニズムが吸収する。彼らは人よりもむしろ仕組みの質で他社を凌駕している。

とは言え、人は重要だ。３つ目に掲げるのは適材の育成と適所への配置。"適材"とはスキルの棚卸し、体系化、育成プログラムを通じた人材の育成を指し、"適所"とは人材とポジションとのマッチングを意味する。これまで多くの"ジョブディスクリプション（職務定義書）"を見てきたが、実に千差万別である。ジョブ型雇用が注目され、それを支えるために多くの職務定義書が書かれている。だが、求職票の一部に過ぎないような粗さのものは少なくない。中途採用のためでなく、当該ポジションでパフォーマンスを発揮してもらうために必要な記述が網羅的に記されている。それが本来の職務定義書であろう。

そのポジションのミッションはカクカク、ロールはシカジカ、必要とされるスキルはかくの如し、役割遂行を支援するITツールはソレで、結果を測る指標はソレ。その職務定義を見たＡさんは、社内共通のスキル定義に基づいて自らの現在地を確認し、足りないものがあれば、社内の教育プログラムからアレを選択しスキル開発に勤しむ。ここまでできれば適材適所が実現されていると言ってよいであろう。これもまたオペレーショナル・エクセレンスの特長を物語っている。

以上、オペレーションが優れている企業の特長を3点にわたって述べた。最後に"職人技"と"属人化の排除"について我々の考えを述べたい。

　業務遂行上いわゆる"職人技"は必ず残るし、残ってよいのだ。業務は簡素化されるべきだし、可能な限りデジタル化した方がよい。だがアナログワークは必ず残るし、そぎ落とした結果として残った業務は標準化とは真逆のベクトルでとらえるべきであろう。それこそは本当に価値の高い業務であり、軽々に情報技術（DX、IT）で置き換えられたりはしない。一子相伝とも言うべき"手技"・"勘所"の伝承が必要な業務である。

　おそらくものづくり企業であればどこかにそのような仕事はあるだろうし、本書ではそれを守り抜けと主張はしても、変えよとは勧めない。なんでもデジタルではないし、なんでも効率化でもない。そんな単純な思考ではオペレーショナル・エクセレンスは達せられない。もちろん、本来仕組み化できる業務まで放置し、属人化に絡めとられるようではオペレーショナル・エクセレンスには程遠いだろう。問題はその峻別にある。単純化して仕組みの中に落とし込むべき業務と、専鋭化して差別化を生み出す業務だ。後者を応援するために前者が必要なのだ。

他方、"職人技"というキラーワードを隠れ蓑にすることへの警鐘も打ち鳴らしたい。「Xさんに聞かないとわからない」。これは多くの企業の現場で見聞きする常套句だ。読者諸賢の職場も例外ではないだろう。そして多くの場合においてその当該X氏のスキルは高い。「本人にしかわからない」は「余人をもって代えがたいスキルを有している」の変化形でもある。何よりX氏本人の"まんざらでもない"情がそのことを如実に物語っている。だが、オペレーショナル・エクセレンスを具現化している企業はそうではない。かなり積極的に業務の棚卸し、スキルの棚卸しに精を出している。ベテランのSkilled Workerのリタイアが差し迫りそのトランスファーが経営課題となる"xx年問題"にも動じることはない。属人化が排除されている所以である。これは"職人技の保持"とは矛盾しない。本来誰でもできる状態にまで落とし込める、簡素化し得る業務であるにも関わらずそれを拒否して抱え込んでいる状態を属人化と呼ぶ。一方、デジタル化やマニュアル化にどうしてもそぐわない"手技"や"感覚"が重視されるものは専門性の高い貴重な業務であろう。前者を後者と混同する誤認を許さない。それが真の意味での属人化の排除である。

02 オペレーショナル・エクセレンスを実現に導く3つの要素

　では、どうすれば業務品質の高い状態をつくることができるのだろうか。前述の「特長」との関係を含め3つの要素として図に表示する。この3つの要素を説明したい。

図5

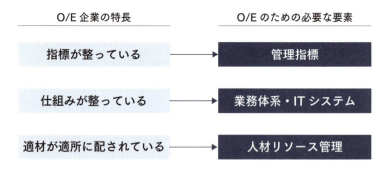

〈1〉管理指標

　まず指標（Metrics）は当該事業に関わっている組織横断、職能横断で一意に決めておきたい。「売上」を例にとった法人間の解釈の違い（国内本社・事業部と海外販社）は前述の通りだが、実態は法人"間"に止まらない。法人"内"、同一部門"内"でも同種の事象が散見される。ある企業で納期回答業務のヒアリングをする際、想定回答・工場回答・確定回答と、似たような複数の言葉が登場した。聞いてみるとそれぞれに意味はあるのだが、聞く相手によってその定義が微妙に異なる。言葉の散らかりだけでなく、解釈のバラツキとなるとどうしようもない。共通の辞書は存在せず、組織としての統一見解もない。誤解が生じても防ぎようがない。

　管理指標の作り込みにおいて留意したいのは以下2つの連携である。

　　FI（Financial Index）　　……**財務指標**
　　OI（Operational Index）　……**オペレーション指標**

　経営者の目標値はしばしばFIとして定義される。図中、縦軸に表示したものが財務系の指標を指す。いずれも財務三表（損益計算書、貸借対照表、キャッシュフロー計算書）から代表的な項目を抽出したものであり、ROIC・EBITDA・ROE等々、経営者が対外的にコミットするKPIはここから算出される。

　かたやOIは業務を行う現場ワークとの親和性が高く、売上増・リードタイム短縮・コスト削減等、行動に結びつく指標群である。

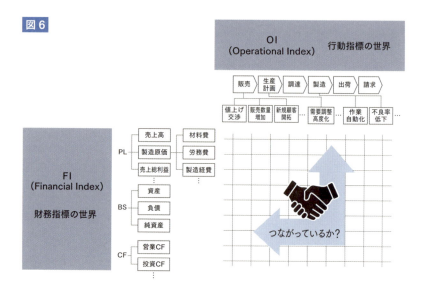

図6

　一体、FIとOIの間に堅牢なつながりが取れている会社がどれだけあるのだろうか。甚だ心許ないというのが筆者の実感である。決してアンケート調査を行ったわけではないが、多くのケースにおいてFIはFIでクローズしており、同様にOIはOIのままではないか。社長を支える企画部門、経理部門は対外説明のために財務系指標をよりよいものにすべく経営改善計画を立案する。ではその数値を裏打ちする行動は明確に洗い出されているのか。かたや、製造部長や工場長は生産ラインの効率化のために新規設備を導入して生産性の向上を図る。ではそれらの活動は一体財務諸表のどの項目にどの程度効くのか。両者の結びつきは皆無とは言わないがうすぼんやりとしており、互いに隔靴掻痒（かっかそうよう）の様相を呈している。これが典型的な日本のモノづくり企業の実態と感じている。

製造現場では工程内リードタイムをより短くしようと努力する。工場長は工程間のつながりをより円滑なものにし、仕掛在庫が極小化されるよう目配せを行う。そしてその営為は棚卸資産の回転日数の縮減を通じて投下資本回転率の良化を生み、ROIC（投下資本利益率）経営に貢献する。そのつながりが明示的にかつ直線的に語られれば語られるほど現場の改善に向けた取り組みはスムーズになる。

他方、FIとのつながりがないまたは弱いOIはどう扱われるだろうか。ひとつの現象として指摘しうるのが「前年比」だ。以前よりも在庫を圧縮した。リードタイムを縮めた。だが、それは経営指標にどう貢献したのかが明らかではない。それでも評価されたい。アピールもしたい。そこで登場するのが去年と比べてこれだけよくなった（前年比）である。だが、当然のことながら前年と比べたところでそれで十分かどうかはわからない。ダメダメだったものがダメになっただけなのかもしれない。こうした内向き指標ではオペレーショナル・エクセレンスへの道のりは遠いと言わざるを得ない。

事情はFIから見ても同じであろう。対外的なコミットメントとして経営者が約束するのは多くがFIである。年次株主総会や四半期ごとの業績発表で掲げられるは売上高・営業利益・目標株価と並んでPBR（株価純資産倍率）・ROE（自己資本利益率）ROA（総資産利益

率)・EBITDA（利払前・税引前・償却前利益）などの財務指標が述べられる。だが、問題は「どうやってその指標を好転させるのか」だ。そのためには指標と行動（業務）とのつながりが明示されなければならない。経営の責を負う者が「ROICを改善せよ」と唱えるだけで責任を果たしたことになるはずがない。そのために「コレをせよ」とまで噛み砕かなければ指示になっていない。要はROICツリーを作成し、現場のKPI（Key Performance Indicator）に結び付ける必要があるのだ。そうでなければ現場は相も変わらず「前年比」で改善を積み重ねるより他なくなってしまうだろう。

「自分たちの改善活動が経営指標と確実にリンクしているのがわかるとチカラが湧く」

　オペレーションの現場で一再ならずそのような声を耳にした。財務指標をポートフォリオ管理や業績・投融資経営といった経営管理ツールとしてだけでなく、社員への方針浸透、現場業務との協議・調整ツールとして使っている。オペレーショナル・エクセレンスの重要な構成要素のひとつである。

〈2〉業務体系とITシステム

◇4つのレイヤー

「業務フローを見せてください」。この問いへの反応として提示される情報は実に様々である。しっかりと現場の実相が表現されていて実態把握だけでなく改革の検討にも資する"使える"業務フローに出会うのは稀だ。内部統制等制度上の必要性からやむを得ず作成されたもの、もしくはシステム導入の折に作成されたフローを業務フローと称して提示されるケースが多い。後者は当該システムをどう使うかが記述の主目的でありシステムが介在しない業務は記載されない。前者はどうしても文書を中心としたフローになっており、いずれの場合も"業務"が中心ではないのだ。

業務フローとは、業務をある粒度（タスク）までブレイクダウンし、タスクをフローチャート形式で表現して流れを可視化したものである。このブレイクダウンの深さに応じてレイヤーが複数存在することになる。我々はこれを4つのレイヤーで捉えている。

レイヤー1　機能群

　企業における事業活動（機能群）の流れを表現したレイヤーであり、部門間での業務の大きな流れを示すものである。機能のかたまりを表現しており、モノづくり企業であればほぼ共通であると言えよう。

図7 業務プロセスのレイヤー

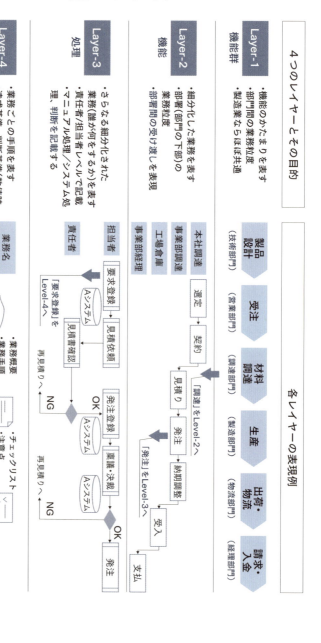

レイヤー2　機　能

　レイヤー1での一機能を細分化した層であり、部門の下部組織である部署間における業務のやり取りを表現している。ここでは事業特性に応じて違いが出てくる。「在庫販売型」のビジネスモデルと「受注設計／組立型」のそれとでは需要予測の位置づけも手法も大いに異なってくるだろう。B2BとB2Cではセールス・マーケティング業務は当然違うし、業務の部署間の受け渡しも一様ではない。「受注設計／組立型」モデルとなれば汎用部品以外の調達業務は受注後に行われるだろうが、「在庫販売型」ならば必然的に需要予測をもとに全ての部材が自社の判断で手配されるはずだ。

　ここへ来てようやくビジネスの違いが意味を持ってくる。業務の標準化や共通化は多くの企業で取り組んでいるテーマであろうが、ビジネスの違いを無視して「標準化が正しく、これに異を唱えるのは抵抗勢力」との単純なレッテル貼りには警鐘を鳴らしたい。このレイヤーでの差異は意味のある差異であり、ここへの理解を欠いた大号令は危険ですらある。

　このレイヤーを整えれば、業務改革の折にどの程度のまとまりでBPRに取り組むべきかが見えてくるはずだ。このレイヤーでの整理が1種類で済むのであればすぐさまレイヤー3への探索に取り組めばよいが、多くの企業でこれが複数種類（パターンと言ってもよいしモデルと称してもよい）に及ぶと想定している。事業としての個性、顧客との関係性が如実に表れるのでその可視化・文書化にはしっかりと取り組んでほしい。

なお、このレイヤーを整えるには組織間のコミュニケーションが必ず必要になる。かつ可視化するのがそう容易いことではなく、思いのほか組織を跨る部分の流れを明らかにするのは時間がかかる。前後をつなぐには部門をまたいだ確認が必要だからだ。業務フローを整えるには当然業務を知っている必要があるが、組織を跨る部分の業務の全てを1人が把握しているというケースは少なく、また知っていると思っていても別組織では違う認識であることも珍しくない。つまり関係する複数の組織の複数の有識者を集め、現業を明らかにする議論の場が必要となるのである。そうすると「そちらの組織からはそう見えていたのか」「その情報が欲しかったとは知らなかった」「よかれと思っていたアレは不要だったのか」などの認識違いを是正することができ、そこから組織間でのリレーションの深化、コミュニケーションの活性化が生まれてくる。

レイヤー3　処　理

　レイヤー2での一業務を細分化した層であり、誰が何をどの順で対応するか、担当者レベルでのタスクの流れを定義する。

　このレイヤーが所謂業務フローであり最も重要な主役となる。担当者の違い、判断の有無、例外の有無、マニュアル処理の有無、等々を明確化することができ、それらはあらゆる業務改革において決定的に重要な基礎資料となる。

　レイヤー3のフローを作成するにはコツがあり詳しくは【第Ⅱ部】実践編に譲るが、ここではその活用の方途について述べておきたい。このレイヤーでは前のタスクは何で、後のタスクは何かが見えてくる。すなわち当タスクの開始条件（Entry Criteria）と終了条件（Exit Criteria）が表現される。これによりタスク間のつながりに焦点があてられ、条件が整っていないのに時間になったから始めてしまい手戻りが生じるケースや、同じく条件が整っていないのに時期が来たから終了させてしまい後継タスクに支障を来すケースの顕在化に資するであろう。また「判断」が可視化の対象になるのもレイヤー3ならではである。業務は単に上流から下流に粛々と流れるものばかりではない。そうした作業系業務に加えて判断系業務というものが少なからず存在する。そしてそれは"分岐"という形で表現される。業務がなぜ手戻りするのか、なぜ隘路に陥ってしまうのか、そのヒントが"分岐"によって表現される判断に着目することで見えてくる。その業務にはどのような文書を参照するのか、またどのような情報システムを使って遂行されるのか。それもまたレイヤー3の守備範囲である。

ことほど左様にレイヤー3を掌の上に乗せることで見つかる改善の萌芽は多い。換言すれば**レイヤー3の業務フローを手に入れずして業務改革に着手するのは海図なき航海と言ってもよいだろう。**それはただ単に思い付きだけの粒の小さな改善、もしくはつまみ食いに終わってしまう。

　ハイパフォーマンス企業はここを押さえている。そして、レイヤー1～3を縦糸でつなげている。これがあるからこそ事業目的を作業に落とし込めるし、かつそのスピードが速い。戦略の優越よりも実行のスピード。その秘訣は地味な活動の賜物であるレイヤー3の業務フローにあるというのが我々の考えである。

レイヤー4　手　順

　レイヤー3での1タスクについて詳細に定義したレイヤーであり、俗にいう「業務マニュアル」だ。作業手順書や、判断基準、チェックリスト、用語集などから構成される。よいマニュアルとは何だろうか。様々な定義が可能だろうが、以下3点を掲げたい。
　1．誰が読んでも理解できる
　2．誰が読んでも誤読しない（1種類の解釈がなされる）
　3．誰が読んでも同じ行動が取れる
　読み手でありかつ行動するのが人間である限り3でいう「同じ行動」は厳密にはあり得ないが、マニュアルとは個性を没するものではなく最低限の基準を明らかにし、それをクリアした上で創造性を発揮してもらうためのものだ。

　もうひとつレイヤー4について付言しておきたい。マニュアル類はあくまでもその利用者に伝わらなければ意味がない。作業は構造化され画像を活用するなどわかりやすさに配慮する必要がある。そのためにはタブレットなど提供デバイスにも工夫を凝らしたいし、検索容易性も見逃せない。またアップデートの容易性も無視できないポイントであろう。設備が変更された折にもマニュアルの即時変更は事業遂行上の差別化要因になり得る。レイヤー4はレイヤー3と違ってここからBPRのネタが抽出されるわけではないが、デザインされた業務を確実に作業としてインストールするには必須のレイヤーである。国によって地域によって工夫すべきポイントは様々であろうから、読み手重視の姿勢で実情に即したマニュアルに落とし込んでもらいたい。

◇ITシステムは業務プロセスに先行しない

　情報システムは業務プロセスと不離一体の関係にある。業務あってのシステムというのが基本であり、システムが先行することは一般的に好ましくない。ERPが日本に導入され始めたころ、「ERPシステムの提供する標準に業務を合わせる」「既製服を着るつもりで業務改革に取り組む」「ERPシステムはベストプラクティスを内包している」と至る所で耳にした。そのスローガンを信じてERP導入に取り組んだが、業務改革は中途半端な状態に留まり、機能拡張やサブシステムが頻発してインターフェースのスパゲッティは放置され、次のERPバージョンアップで初期導入コストとほぼ同額の費用がかかり、もうこりごりと思いはするものの時すでに遅し。もはや基幹システムとして鎮座するERP抜きで業務は回らなくなっておりどうすることもできない。

　やや意地の悪い見方に映るかもしれないが、多くの企業にとって、あたらずといえども遠からずではないだろうか。あれからもう20年以上の歳月が流れているのに、未だ"Fit for Standard"の掛け声を耳にすることがある。あらためて"ERP信仰"（このシステムを導入すれば効果が出る）の根深さに思いを致す次第だ。

　オペレーショナル・エクセレンスにとってのITシステムとは単なる道具であり、それ以上でもそれ以下でもない。ERPの導入・保守・運用・バージョンアップコストの高止まりに文句を言っても始まらず、「どう使うか」にこそ目を向けるべきだろう。

◇リポジトリを使った業務モデルの組み立て

"リポジトリ"と"Fundamentals"そして"Add-on"というキーワードを使って、モノづくり企業の実態に即した説明を試みたい。"リポジトリ"とは聞き慣れない言葉かもしれないが、直訳すれば「格納庫」または「貯蔵庫」。ここでは業務の型に着目して多様な業務プロセスに対応できるよう予めオペレーションモデルを蓄積しておく場所という意味で使用する。

　はじめに取り扱っている商品群がある。ここでは単一製品の大量生産ではなく、多品種少量生産を想定する。すなわち多岐にわたる商品群を取り扱っている企業である。次に製販モデルを検討するが、ここでも単一のビジネスモデルではなく複数モデル混在のケース、Ｂ２ＣもあればＢ２Ｂもあり汎用品の在庫販売もあれば受注してから設計に着手するEngineering to Orderまでも含む企業を対象として仮置きする。商品もまた仕事の進め方も複数のタイプが混在する企業である。

　この前提に立てばオペレーションモデル（業務の進め方）は一様であるはずがない。汎用品の在庫販売ならば自社で需要を予測し、振れ幅を見ながら部材の手配、見込み生産を行って在庫を準備する。量販店に並んでいるほとんどの商品がこれに当たるだろう。他方、カスタム品の受注組み立てとなれば見込みで進められるのは中間品までであり、実需に応じて最終組み立て（アッセンブリー）を行って出荷する。コンピュータのデルモデル、カスタム可能な

図8 オペレーションモデルの"リポジトリ"構想

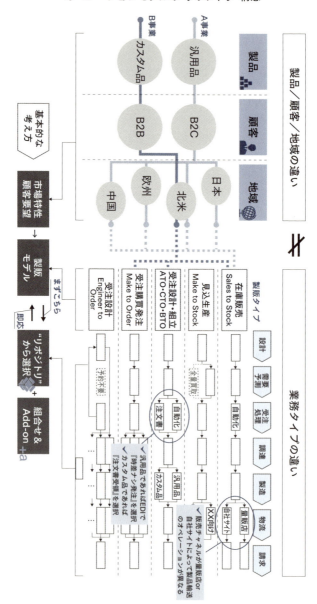

自動車等が該当する。

　オペレーショナル・エクセレンスの観点からはここで生じる業務の"バラエティ"に注目したい。「受注処理」というプロセスには同一企業内でどれだけの種類の業務が存在するのか。この場合に目を向けるのは扱っている商品ではなく業務である。扱っている商品が家電量販店で売られるものであればメーカにとっての「受注処理」はおそらくは１種類であろう。そしてその業務を支えるITシステムのアプリケーションを業務フローと共に"リポジトリ"に入れておく。扱う商品が増減しようがオペレーションの備えとしてはひとつでよい。

　仮に量販店経由でのビジネスではなく自社サイトからの販売ということになれば別のオペレーションモデルを"リポジトリ"に入れておかなければならない。サイト直販型の登場によって業務の"バラエティ"が増したということになる。

　ある企業が新工場を立ち上げるとしよう。構想立案から生産開始までのリードタイムは短いに越したことはない。どのような準備が必要か。建屋の建設、従業員の確保・教育、設備の設計と据え付け、新たなサプライヤーの選定と契約等取り組むべきことは数多い。その中で「新しいオペレーションの設計と導入」が足を引っ張るようなことになってほしくないのだ。

　新工場なのでこれに対応する業務設計をイチから行う、新市場

なのでイチから業務モデルを作り上げるという事例を目の当たりにしてきた。登るべき階段が10あるとしてなぜ常に１から登らなければならないのか、９まではあらかじめ準備された仕組み(Fundamentals)を使い、最後の１階段のみに新たに取り組む（Add-on）。リポジトリを活用するオペレーションデザインという考え方である。

　オペレーショナル・エクセレンスを標榜するならば"Fundamentals"に該当する業務プロセス並びにITシステムはリポジトリにあらかじめ格納しておきたい。その際には十分に業務モデルの差異性すなわちバラエティを踏まえ慎重を期してほしい。巷では次のような主張は頻繁に耳にする。

「標準化イコール善。これに抗う者は頑迷固陋にして旧套墨守の抵抗勢力。排除すべし」

　もう聞き飽きたといっても過言ではないほど耳にしてきたスローガンである。だが、リポジトリに格納されるべき"Fundamentals"はそれとは様相を異にする。その中身は簡素化され単純化され高度に洗練されかつ事業遂行上の要請を満たす業務プロセスとそれを支えるITアプリケーションシステムが組み合わされた"型"である。

〈3〉人材リソース管理

人材リソース管理（Human Resource Management）は以下３つのコンポーネントから成る。

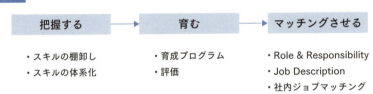

図9

まずはスキル実態を把握しなければならない。自社社員の保有スキル（資格ではない）を見える化したい。何ができるのか、どのような経験を有しているのか。これらは定性情報というよりも定型化が望ましく、そのためにはスキルを体系化することが避けて通れない。このスキルの体系化というのはなかなかやっかいな代物であり、人事部に任せておけばつくってくれるかというとそうではない。それではせいぜい「課長昇進のために求められるスキルレベル」が明らかになるに過ぎないだろう。オペレーショナル・エクセレンス実現のためにはより実践的、具体的な記述が必要だ。調達部門の責任者のスキル定義は調達部長自らが考えかつ言葉にしなければならない。「〜さんはよくやってくれている」では話にならない。「マネジャーなのだから部下を掌握する能力が必要」でもダメ。調達ならではの記載がほしい。

- マーケットのプレイヤー間の位置づけを理解している
- サプライヤーの事業戦略を理解している
- 当該サプライヤーにとって自社の位置づけを把握している

　上記は一例だが、いずれも強い調達のためには欠かせない視点であろう。「与信チェックができる」等ならば人事部作成のスキル体系でカバーされようが、ここでいうスキル定義はそれよりも実務に近いイメージである。調達ならば"ソーシングのスペシャリスト"を定義する意気込みで作成すべきであろう。ここに自社自部門の社員スキル保有状況を反映させていく。

　続いて「育む」。主に育成プログラムとその達成度評価を指す。自社で準備してもよいし、外部リソースを活用してもよい。その道のプロを育成するにはより俯瞰的な目で作成されている外部プログラムが有効であろうし、他方自社の中に眠っているノウハウを棚卸して展開するのにも大いに意味がある。ここでは、自社内部のスキルの習得をより加速かつ実践可能な形に落とし込むために「ロールモデルの思考法に学ぶ」手法を提唱したい。
　「（外部提供の）基礎的なスキル講習は通り一遍な一般論になりがち」、「講習を受けたからといってＡさんのようになれるわけではない」といった声への応答である。いずこの会社にも周囲から一目置かれあの人ならと言われる人物がいるものと仮定する。その人物の知恵を借りるのだ。具体的には以下のステップを踏む。

1．ケースを想定する
2．「あなたならどうする？」と問う
3．ロールモデルの考えや行動と照らし合わせ比較検討する

　このアプローチの醍醐味は何と言っても「ロールモデルに学ぶ」にある。経験豊富な先達の教えには教科書的な答えとは装いを異にする、趣ある解が隠されているかもしれない。反対に拍子抜けするような当たり前の解が提示され、「やはり凡事徹底に如くはなし」とあらためて基本の大切さに思いを致すかもしれない。御社の中にも傾聴すべきイデオローグがいるのではないか。彼らの知見を育成に活用してほしい。

　3つ目はマッチング。片方の手にスキル保有者、もう片方の手に職務定義書を乗せ双方をマッチさせる。至らない点があれば、スキルを開発して人材のパワーアップを図るか、そうでなければ充足されないRole and Responsibilityを見極めた上で他のポジションと調整等別の手を打つか。いずれにせよここでは職務定義書の記述レベルを問題にしたい。

①職務等級／職種／職務名／会社概要
②職務概要／具体的な職務内容／職務内容の比重
③期待される目標／ミッション
④責任・権限の範囲に関する補足／報告義務のある直属の上司／部下の数
⑤雇用形態／勤務地／勤務時間／時間外手当支給の有無

⑥必要とされる知識、スキル／必要とされる資格／必要とされる学歴など／待遇・福利厚生

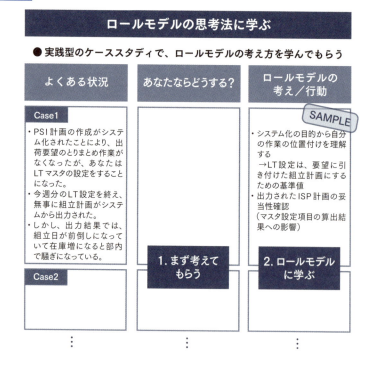

図10

上記は一般的な職務定義書の項目一覧である。なんとも味気ない印象を持つし、この枠組みに入れよと言われると途端に筆が止まり、思考が固くなり、一般的な用語の羅列に終始してしまうのではないか。特徴のない職務定義書となってそのポジションの特性が浮かび上がらない、または一般論が過ぎて万能選手を求める

あまり「こんな人いない」という印象を与える。いずれも"使える"職務定義書とは言えないだろう。

我々の推奨する職務定義書は業務体系全体との連関の中で作成されるべきものだ。決してジョブディスクリプションのみが単体で存在するのではなく、全体の「組織図」がまずあって職能分担を整理する中で当該ポジションの職務定義が可能になるし、個々の「業務フロー」があってその職務で果たすべき役割が明確化される。

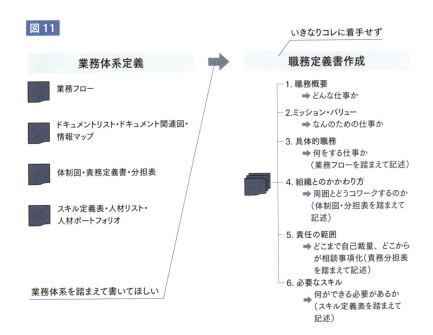

図11

現在おそらくあなたの周りにも存在する職務定義書の項目に問題があるのではなく、その作り方（または手順）を見直してほしいのだ。人事部からの要請に基づいて自部門の職務定義書をつくれと言われ、そのフォーマットに合うように記入する。このアプローチでは中身のあるドキュメントにはならない。なぜならば一つひとつの職務は独立しているのではなく、全体体系の一部として有機的に存在するからだ。全体像を把握せずに個別の詳細図が描けるはずはない。

　あなたの片方の手には上述の「把握する」によって既に意味あるスキル定義に基づく人材リストがあるはずだ。そこに同様に意味のある職務定義書をもう片方の手に置く。そこからが頭の使いどころであり、真のヒューマンリソース・マネジメント・ワークだろう。

　ここまでオペレーショナル・エクセレンス企業の3つの特長に始まり、そうなるために必要な3つの要素を個別に辿って来た。だが、これらを実行に移すにはまた別の努力が求められる。第Ⅱ部は業務改革の実践及び改革風土の定着化に向けたテクニックを紹介したい。

Column コンサルティング業界における"業務改革テーマ"の位置づけ

「業務改革って地味……」

意気軒高にコンサルティング業界の門を叩いた中途採用者からよく聞く声だ。確かに経営戦略、M&A、イノベーション創出、あるいはDX、AI等、人々の耳目を集める題目と比較するとその輝きは薄いだろう。これら旬のトピックはコンサルティングファーム内で持て囃されもし、採用活動で門を叩く候補者も「やりたいことは？」への答えに挙げてくる。だが、その声を発した本人の口から業務改革を経験して半年後出てくる言葉は次のようなものだ。

「でも、ボディブローのようによく効く」

時代性のある改革テーマをクライアント経営層が追い求めるのは致し方ない。だが、客観的視点から「今のアナタに必要な改革はコレ」とあえて地味なテーマを推すのも信頼に値するコンサルタントの姿であろう。本書がコンサルティング業界における業務改革テーマの価値再考に一石を投じることを願う。

オペレーショナル・エクセレンス　事例2

競争優位を生むオペレーション
ZARA

　アパレルメーカーを題材にオペレーショナル・エクセレンスが事業遂行上の競争力向上にインパクトを与えるかみてみよう。対象となるのはZARA。スペイン発のブランドである。ZARAのカテゴライズされるトレンドファッション系の商品は、シーズン毎の売れ行きが変動しやすく、その分売れ残りによる過剰在庫、欠品により販売機会の損失が頻繁に生じ、これがために発生する業務負荷は決して小さくはない。その中でZARAの売上は世界最大の規模（5.16兆円・23年度）と高利益率（15％・21年度）を誇る。なぜか。

　その秘密の一旦は度外れたオペレーションのスピードにある。彼らの基本戦略は次の通りだ。

　シーズン当初は少ロットで最低限の在庫を持ち、店頭での売れ行きや試着情報を通じて顧客が欲しいものを把握してから、需要に合わせて商品をつくり足す。

　これは業界の常識とは全く異なる戦略であり、需要把握と共に充足が高速化されなければ達成し得ない。まず需要把握においては売上やPOS等の定量データのみならず、実店舗のスタッフから顧客の反応を素早くスペイン本社に集める仕組みを構築。新商品が投入されると

世界中の店舗からフィードバック情報が蓄積するため、より顧客の反応を商品の企画に反映させることが可能になる。需要充足はさらに特徴的だ。

- ▶相対的に人件費の低い地域よりも、本社の近隣地域（スペイン・ポルトガル・モロッコ等）に生産拠点を置く
- ▶タイムリーに世界中の店舗へ商品を送るため、ヨーロッパ近隣諸国以外への輸送にはコストを犠牲にして空輸を利用するなど、世界中どこへでも48時間以内でのスピード輸送を実現
- ▶自動仕分けシステムや自動ピッキングなどの仕組みも早期から取り入れる

明らかにそのシステムはコストよりもスピードを重視していると言えよう。一消費者としてアパレル製品に求めるものは何だろうか。それは言うまでもなく、デザイン・材質・縫製等に表れる質のよさと合理的なコストであろう。だが、おそらくはZARAと同等ないしそれ以上に魅力的なアパレル製品を生み出しているブランドはあるし、そのコストにおいてもさらに購入しやすい価格を提供している企業もある。だが、それをZARAほどの売上規模と利益率で実現している企業は存在しない。卓越したスピードというオペレーショナル・エクセレンスが彼らの競争優位の背後にある。

第II部

オペレーショナル・エクセレンス

実践編

「4（可視化）＋1（整流化）」という構成にて具体的に書いています。
　①業務の可視化
　②問題の可視化
　③業務の整流化
　④暗黙知の可視化
　⑤結果の可視化
の5つです。

01 オペレーショナル・エクセレンスへの道

　理論編ではオペレーショナル・エクセレンスを構成する要素を語った。実践編ではその具体的なテクニックを、とくに業務改革（BPR）のアクションを中心に紹介したい。

　オペレーショナル・エクセレンスは様々なインパクトを経営にもたらす。「効率性」「低コスト」「スピード」「レジリエンス」等。いずれもビジネスの現場で実務を担う人ならばしばしば見聞きしているであろうし、ひょっとしたら今日も会議で耳にしたかもしれない。だが言うまでもなく、「効率性」というワードを百万遍唱えたところでオペレーションの効率化を図ることはできない。「レジリエンス」を得ようと神仏に祈りを捧げても、危機に際してこれをしなやかに乗り越え回復するオペレーションは手に入らない。「低コスト」を声高に称揚しても、「スピードが大事だ！」と虚空に叫んでも、それらを自家薬籠中の物とすることはできないのだ。では一体何から手を着ければよいのであろうか。

　巷では、改革の源泉は人にありという。けだしその通りであろう。であるならば、オペレーショナル・エクセレンスに至るはじめの一歩は、先見の明があり、優れたビジョンや卓越した戦略を考え出すリーダーの発掘であろうか。我々の答えは否である。では、戦略を正しく戦術に落とし込み、組織に行き渡らせかつ機能

させる優れたリーダーの育成であろうか。我々の答えは否である。あまりに地味過ぎて面妖にすら響くかもしれないが、**「オペレーショナル・エクセレンスを得たいなら業務改革の術を学べ。最初の一歩は業務フローの作成から」** と答えたい。なぜか。

　強いオペレーションを実現できる企業とは、戦略→戦術→実行のサイクルが速い。そしてその帰着点は現場の担当者達によるオペレーションの絶え間ない錬磨に他ならない。言い換えるならば、戦略・戦術レベルでの優位性は実業務の俊敏な反応があって初めて意味を持つのであり、それがなければ字句通り「画餅(がべい)に帰す」だけだ。現場の業務、現実の業務を理解していなければ本来戦略・戦術は立案し得ないはずであり、結果にコミットする本当の戦略家・戦術家は現場業務への理解レベルが深い。そこで登場するのが「業務改革手法」であり、その劈頭(へきとう)を飾るのが「業務の可視化」、具体的なアクションとしての「業務フローの作成」なのだ。もちろん改革を先導するリーダーの発掘・育成もオペレーショナル・エクセレンス到達への道程において避けて通るわけにはいかない。だが、それを待っていて「最初の一歩」が踏み出せないのでは困る。英雄の登場を一日千秋の思いで待つのではなく、地味ながらもできることから始めたい。

　さあ、実りある業務改革の森に分け入って行こう。

02　4つの可視化と整流化

業務改革のステップと紹介したい5つのテクニックを図示する。

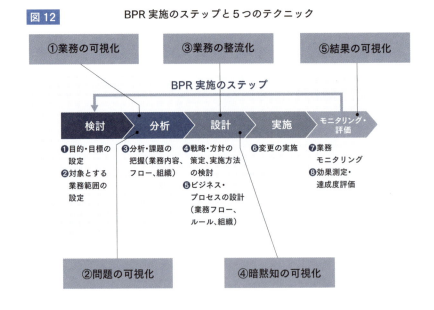

ステップは「検討」→「分析」→「設計」→「実施」→「評価」となるが、そこにとくに重要と思われる5つのテクニックをマップした。テクニックとは4つの可視化と1つの整流化である。順を追って見ていこう。

03 業務の可視化

　まずは現在の業務がどのように進められているかを視覚的に整理する「業務の可視化」から説明したい。

　業務を可視化するにはいくつかの切り口がある。業務の「流れ」、業務上で使用されるドキュメントやシステムなどの「情報」、業務遂行の土台であり役割分担のベースとなる「組織」、実際に業務を遂行する「人・スキル」がそれにあたる。これら4つの切り口にはそれぞれに最適な可視化の形式があり、代表的な手法を図に示す。

図13

【切り口1】業務の「流れ」の可視化
▶業務プロセス
業務の固まりの前後関係を整理。業務フローの上位概念　※レイヤー2に相当-第I部図7参照
▶業務フロー
フローチャート形式でタスクの流れを整理
※レイヤー3に相当-第I部図7参照
▶業務リスト
タスクを一覧化し各タスクの中身を整理

【切り口2】業務で扱う「情報」の可視化
▶ドキュメントリスト
ドキュメントを一覧化しその内容を整理
▶情報マップ
業務に必要な情報の一覧。情報の載るドキュメントを整理
▶ドキュメント関連図
各ドキュメントのレイヤーやカテゴリ、IN／OUT関係を整理

【切り口3】業務遂行の土台である「組織」の可視化
▶体制図
ツリー形式で情報伝達やレポートパスを整理
▶責務定義表
一覧形式で組織図上のポジションの役割・責務を整理
▶責務分担表
タスク毎に責任範囲・担当分担を整理

【切り口4】業務遂行の主体となる「人・スキル」の可視化
▶スキル定義表
業務の遂行に必要なスキルの一覧
▶人材リスト
所属人材を一覧化し現有スキルを整理
▶人材ポートフォリオ
業務特性に応じた軸で人材を分類

理論編で業務体系の表し方を「4つのレイヤー」で表現した。「業務の可視化」ではそのうち「レイヤー3」の粒度を想定しており、4つの切り口はその際に中核を成す業務フロー及びその理解を支援する情報群を取り扱っている。ここで作成する業務フローは業務の流れをフローチャート形式で可視化したものであり、様々な業務の分岐や複数の登場人物、多くのドキュメント等が登場する。手間のかかる作業であり、作成者に応じてその質の巧拙が如実に表れる。作成に当たってのコツを以下に紹介したい。

図14

コツ1	タスク名は"成果物"よりも"目的"・"行為"を意識せよ
コツ2	タスクをブレイクダウンする際は粒度を統一せよ
コツ3	例外（イレギュラー）系こそ可視化せよ

コツ 1　タスク名の付け方

　タスク名は業務目的に直結させること。「要求定義書作成」など成果物名を用いるのを見かけるがこれは悪い例だ。これだと狭義の意味に捉えられかねない。例えば定義書作成に先立っての内容確認の打合せが抜けたり、定義書をある範囲へ共有することが抜けたりと、不十分な可視化に留まってしまう可能性がある。タスク名をつける際は「要求定義検討」「要求定義書への落とし込み」「要求定義書確認」等"目的"または"行為"を意識したい。ここでの小さな気遣いが後継の「問題の可視化」で小さくない意味を持つ。

コツ 2　タスクの粒度

　フローに記載するタスクは統一粒度にブレイクダウンしたい。適切な粒度のレベルは必要に応じてマチマチで構わないが、ひとつのフローに表現するタスクのレベルがバラバラだと使い勝手が悪くなるし、「問題の可視化」が甘くなる。担当が違えば別タスク、成果物が違えば別タスク、といった基準を設け、読み手による解釈のバラツキを抑制したい。

コツ 3 例外フローを意識

　業務には正常系と共に例外系（イレギュラー系）がある。正常フローだけを定義して安心してはならない。問題は往々にして例外ケースにおいてこそ起こる。業務改革の観点からすれば宝の山である。ここを見逃す手はない。イレギュラー対応は手順が確立されておらず臨機応変さが求められることが多い。ミスや手戻りが発生しやすく作業品質がバラツキやすいのだ。とくに意識して可視化し、問題の所在を探りたい。

04 問題の可視化

　問題の可視化こそが5つのテクニックの中で最も強調すべき重要度を帯びている。「問いの設定」は決定的に重要であり、これがその後の行動を決定するからだ（拙著『イシューを探せ』参照）。

　業務の進め方に何らかの問題がある。もしくは問題はなくともこうありたいと願う姿との間に乖離がある。問題を取り除き、乖離を埋めることで、よりよい業務の進め方を模索しようとの営みが続いていく。**出発点は何を問題として捉えるか、すなわち「問い」の設定であり、業務改革もまた問題解決の営みの一形態である。何を問題だと捉えるかが肝心であり、ここを取り違えると的外れな問題について答えを探す羽目になってしまう**。「問い」が正しく設定できれば、続いてその答え・解決策を探し、最終的にその解決策を実行に移すという流れとなる。

　何が問題であるのかを特定するのは簡単そうに見えてそうではない。日々慣れ親しんでいる業務に対してはつい慣れ親しんでいるがために疑問を持ちにくく、そのやり方を変えたくないというバイアスも働いてしまう。そして問題が見過ごされる。実際、「現状の組織の枠組みを前提とせずに検討を進めましょう」と言い、同意を得て議論を進めてもなお、その呪縛から解き放たれることなく「ここから先は我が部門の職務範囲を越えるので」「そ

こからは別の部門の理屈があるので」となってしまうケースは頻繁に目にする。立派な会社の立派な経歴を経てきた人々との検討会も例外ではない。現状バイアスの影響は測りしれないのだ。

　これを避けるには、異論を挟む余地がないような、誰がどう見ても明らかに問題であることの客観的立証が必要であり、その役割は「業務の可視化」が担う。前述の４つの切り口、３つのコツを有効活用してほしい。

　ではどうやって「問題」を識別するのか。「問題」とは、業務遂行におけるQCD（品質・コスト・納期）を棄損する事項を指す。業務改革になぞらえて解釈すると、「Q」は業務品質のことで、どれだけミス・手戻りが少ないか、より完成度の高い成果物を生成できるかとなろう。「C」は業務遂行のために必要な人材や機材、ツール、環境等、どれだけのコストで業務を回すか。「D」は業務完了までの期間で、どれだけのスピード・効率で完遂できるかを意味する。業務遂行においては、このQCDを上手くバランスさせる必要があるが、時にいずれかが損なわれてしまうことがある。それが「問題」である。

「問題」＝「何となくよくないこと」という曖昧な捉え方ではなく、「QCDを棄損する事項」と明確に定義しておきたい。というのも、「何となくよくないこと」だとQCDにどう悪影響があるかに直結しておらず、業務遂行の阻害要因なのか分かりにくいからだ。悪い具体例をいくつか挙げてみよう。

- 業務遂行上で使用しているシステムが老朽化しており刷新が必要である
- 部署間での業務の標準化が不足している
- メンバーのスキル底上げのため研修の強化が望ましい
- メンバー間の情報共有を活発化したい

　ここで立ち止まって考えてみたい。一見なるほど手を付けなければならないような事柄に見えるが、業務上の品質やコストや納期に悪影響があるだろうか。なければ、とくに現状を変える必要はないはずだ。また、挙げた例はいずれも手段が目的化してしまっている。この点を意識する、つまり手段（≒解決策）ではなく、それに先立つそもそもの困りごとを意識するというのが「問題」を取り違えないための要諦である。

　一体、システムが老朽化しているから（最新システムでないから）何だと言うのだ。サポートが切れていない、正常に稼働しているのなら問題にならないはずだ。一体、標準化が行き渡っていないから（個別業務が多いから）と言って何だと言うのだ。当該業務の独自性が合理的であり、業務コストが適切なレベルに収まっているならば問題視する必要はない。

　「最新化」「標準化」「底上げ」……等々はすべて手段系キーワードである。なんとなく反対しにくい美辞麗句に幻惑されず、QCDに影響を及ぼしているか否かに着目すべきだ。以下に置き換えられるのなら、その時初めて「問題」となるであろう。

- 業務遂行上で使用しているシステムが古く頻繁にフリーズしてしまう（Dに影響）
- 部署間で同じ業務が異なる方法で行われ進捗や品質にバラツキがある（Q・Cに影響）
- ジュニアなメンバーのミスが多い（Qに影響）
- メンバー間での認識違いで手戻りが発生している（Q・Cに影響）

問題の問題たる所以を踏まえ、以下に問題を発見するためのアプローチを語りたい。

図15

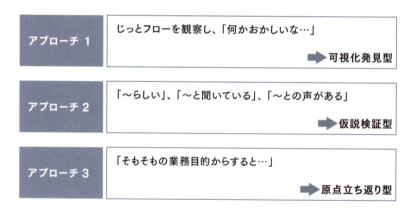

①可視化発見型アプローチ

　業務の可視化の結果生成される業務フローや業務リスト、情報マップ等を少し注意して眺めることで、歪な部分が発見できる。これを「業務可視化の結果からの問題発見」として「可視化発見型アプローチ」と呼称する。以下のような"発見"が期待される。

- フローの終盤にレビューや承認系のタスクが見当たらない
    - ➡品質担保に不足があるのではないか？
- 業務フローの登場人物（担当組織）に偏りがある
    - ➡確認に必要な視点に欠損があるのではないか？
- 組織間を業務が何度も行ったり来たりしている
    - ➡往復を減らす効率的な進め方が模索できるのではないか？

　目を皿のようにして（虫の目で）点検してほしい。これは複眼で検（あらた）めることで効果が上がる。質の高い業務フローを囲んでの丁々発止、談論風発と"気づき"の相互交換。「へー、そんな風になってんだ……」「他部門なのでよくわからないのですが、なんでこんなタスクやってるんですか？」「いやぁ、それって意味あるんですかねぇ？」。このようなコメントが出てくればしめたものである。

②仮説検証型アプローチ

　現場の担当者や管理者などの業務有識者からのヒアリングで得た仮説をもとに、それを業務の可視化によって検証して問題を明らかにしようとするアプローチが「仮説検証型アプローチ」である。つまり「仮説」が先行して置かれるのだ。

- 「業務依頼の窓口が一元化されておらず管理上の混乱をきたしている」という声がある。どこかに情報の滞留や淀みがあるのではないか（仮説）
    - ➡業務フローで流れに淀みがないか確認する
- 「ある個人に業務が集中・高負荷化し遅延気味」と聞く。業務と人材のバランスに問題があるのではないか（仮説）
    - ➡業務リスト（切り口1）と人材リスト（切り口4）を突合し確認する
- 担当者から「何度も似たような情報を記載・転記しており徒労感あり」との声が上がっている。項目レベルでの重複記載があるのではないか（仮説）
    - ➡情報マップ（切り口2）でドキュメント間での情報の重複を特定する

　仮説は必ずしも明文化されていない現状への疑問から生じる。現場の声に耳を澄ませ、それを業務改革のテーブルに持ち帰ってほしい。そこで待つのは「業務の可視化」にて、4つの切り口（図13）と3つのコツを踏まえて作成された情報群である。仮説を検証する場は整っている。ぜひアナタの仮説を検証し、問題を特定してほしい。

③原点立ち返り型アプローチ

　可視化発見型アプローチはベーシックな手法ではあるが、抜け漏れのリスクはあり、大きな問題が見逃されてしまう可能性は否定できない。そこでその後の解決策へ繋げやすい仮説検証型アプローチが用いられるケースが多いのが現場実感である。他方、仮説検証型は現業での違和感や徒労感の解消には大きな効果を発揮するが、現状の延長線上の改善（目に見える問題をひっくり返しただけ）に留まり、より大きな業務改革にまで効果を高めるのは難しいとも言える。単純に何とかさんが楽になった、という結果に陥りがちということでもある。

　そこで現状をベースとした課題発見や仮説検証でなく、そもそもの業務目的（＝原点）に立ち返って検証していくアプローチを紹介したい。時に一般論や他社事例などの知見も加味し現業務に対して根本的疑問をぶつけ、改革可能性を貪欲に探っていく。「原点立ち返り型」がそれである。

「そもそもこのタスクの目的はこうなのだから、削っても問題ないのではないか？」「より簡易なこのタスクで代替しても、根本目的は満たされるのではないか？」「原点に戻るとこの資料は不要なのではないか？」等である。

　「原点立ち返り型アプローチ」で重要な点はふたつ。１つ目は「そもそもの目的を理解する」、そして２つ目が「タフネスの発揮」だ。まず、業務目的を理解していなければこのアプローチは始まらない。個々のタスクの目的、タスク群（業務）の目的、事

業の目的。徐々に目線を上昇させていく。虫の目ではなく鳥の目である。

- 現在は取扱説明書を国内で多言語印刷・製本の上各国に輸送しているが、そもそも顧客に製品と共に届けばよいのだから、版下を送って現地印刷・製本してもらった方がよいのではないか
- そもそも取説は顧客に使い方を理解してもらうためのものだから電子化で十分なのではないか
- そもそも取説の利用頻度は低いので、もっと情報量を減らすまたは取説レスで操作可能なユーザーインターフェースを目指すべきではないか

キーワードは「そもそも」「なのだから」そして「なのではないか」である。その間の言葉は読者諸賢の実業務に合わせて適切に置き換えてもらいたい。思考方法としては「そもそも〜なのだから」が目的への理解、そして「〜ではないか」がそれに立脚した改革提案となる。ゼロベースと言ってもよいだろう。ただこのアプローチであっても現状との差分（ギャップ）を知ることは改革のマグニチュードを測る上で不可欠である。As-Isの可視化を飛ばしてTo-Beの立案をという声を耳にすることもあるが、これだと絵は描けても導入は難しい。インプリメンテーションで手間取り結局定着はしないようだ。あらためて原点立ち返りアプローチでも「業務の可視化」は重要と付言したい。

もうひとつは「タフネスの発揮」、言い換えると「お行儀のよいしつこさ」とも言えようか。原点立ち返りアプローチにて問い

かけの対象となる現場の管理者や担当者は改革の必要性を訴えながらなぜか仕事を抱えたがるのだ。これは自分でないとできない、ベテランでないと回らない、彼らには任せられないなどと言う。特別な知見、経験値、能力は貴重だが、これを有しているとの自負は時に抵抗勢力の萌芽ともなり得る。これを突破するには深い目的への理解と強い「業務への好奇心（自業務以外への）」が必要だ。

　当該業務の当事者でない立場ならではの無頓着さ、前例や慣習に囚われない斬新・画期的な視点を持つ「忖度しない率直さ」を大切にしてもらいたいと言っている。対象業務に慣れた者の中で改革を検討すると、どうしても同じ方向性、固定的な考え方に留まってしまい、結果として現状の延長線上の改善レベルの効果しか生まれない（Aさんが楽になった等）。そこで登場してほしいのが「しがらみにとらわれない視点からの見解」。ただし「お行儀よく」だ。

　問題を探る議論において、「このタスクは削れないか？」「重要であるため削れない」「なるほど承知した」などという浅薄なやり取りで結論を出すのではなく、深く粘り強い議論、すなわち容易に納得しないタフネスを求めたい。業務に精通した有識者から対象業務について、そういうものだ、変えるのは難しい、などと言われるとそれ以上食い下がり難い。それも人情であろう。しかし、それでは現状業務に大きな改革効果をもたらすきっかけを見逃すかもしれない。しっかりと腹落ちするまで粘り強く問い続け、問題の所在を貪欲に追及する姿勢を持ちたい。

　業務改革への支援を生業とする我々はこの現場を数多く踏んで

きた。突っ込みを入れる他部署の門外漢、そのチャレンジを受ける現業部門のマネジメント層。多くのケースで前者の方が年若である。目的に根差してそもそも論から現業務体系の不可解な点を問い質す。最初は説明から始まるが徐々に弁明（できない理由・変えられない理由）へと変貌して行く。それでも若い門外漢は引き下がらない。丁寧にかつ慎重に新たな可能性、より効率的な業務に向けて言葉を重ねていく。いつの間にか会議室で発言しているのはふたりだけになった。他の数名は観客と化す。徐々に剣呑な空気が部屋を支配する。ファシリテータたる我々も緊張して来た。そして現業部門のマネジメントがこうつぶやく。「まぁ、言われてみりゃ、そうかもしれないな……」と。この一言がでれば潮目は変わる。一気呵成に原点立ち返り型アプローチが作動する。

　こういうやり取りが成立する会社は文句なしによい会社である。勝因はしがらみにとらわれない視点からの見解をお行儀よく伝え、その提言や視点を受け止める度量の広さにあることは言うまでもないであろう。

05 業務の整流化

「業務の整流化」は特定した問題を解消し業務を円滑な流れへと整える営みである。新たな業務を設計することであり、ソリューションをデザインする行為である。ここでは、ECRS（イクルス）という業務改善のフレームワークに乗せて我々の解釈や参考になると思われる実例を説明しよう。

ECRSとは、業務改善のパターンを示したもので、Eliminate（排除：ムダを取り除く）、Combine（結合／分離：複数のタスクをひとつに結合、1つのタスクを複数へ分離）、Rearrange（入替／代替：作業順の組換、類似タスクでの代替、担当の変更、等）、Simplify（簡素化：手順や成果物の最適化、手順書化、自動化、等）の英語の頭文字を並べたものである。

図16-1

Eliminate（排除）

　ムダな作業や会議、成果物を取り除き、リソースやコストを軽減しようとする試みである。例えば…

- ドキュメントの流れをデータ項目粒度で整理したら、「つくったが誰も見ていない項目」が見つかった
- 自動化で人も作業手順書も不要になった
- この"定例会"、あの"日報"、その"報告書"、昔からやっているが形骸化しているのでやめてみた
- 月次で全事業部の情報責任者が東京に集まることになっているが、Web会議にして時間／コストを削減した

目に見えて何かがなくなるため効果を実感しやすく、その後の改革機運を高める効果もある。しかし、作業や会議、成果物などはほとんどのケースにおいて何らかの理由で必要だから存在しており、単純に取り除けるのは稀である。故に、着眼点としてはEliminateで考えるが、着地としては他視点、即ち他のタスクと統合して不要とする（Combine）、他のより軽い代替手段を取り入れる（Rearrange）、自動化するなどして人手での作業としては取り除く（Simplify）、などと考えるのが現実的である。

　もうひとつEliminateの事例としてSCMならではのダイナミックな事例を挙げたい。

図 16-2　工程間待ち時間の排除

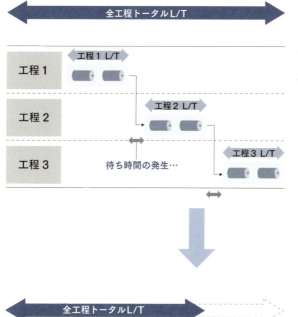

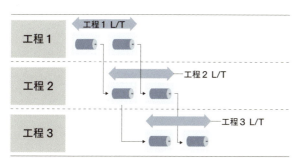

工程間にフォーカスを当てた待ち時間のEliminate（排除）である。各部門は自工程のリードタイム短縮を懸命に行う。工程1も工程2も工程3も、それぞれの責任部門が努力する。だが、それはすべて目の届く範囲での短縮だ。工程間の待ち時間はポテンヒットとして見過ごされてしまう。具体的には"検査待ち"、"拠点間物流"等がそれにあたるだろう。これは基本的に自部門内改善の積み重ねによってもたらされる現象だ。そこで End to End（E2E）という視点が重要性を帯びてくる。次工程の業務を知ることで前工程の責任部署たる部門の仕事を変える。次工程と協力することで工程間の待ち時間を廃止または極小化させる。それは往々にして投資不要の効果創出につながる。必要な行動はシンプルに「話しかける」。それだけだ。だが、その単純な営みが軽視されている現場は少なくないのではないか。ぜひ目線を高く保ってダイナミックに業務を見直してほしい。

Combine（結合／分離）

　タスクの結合における基本的な考え方は、一度に集中して行うのが効率的であるにも関わらず、複数のタスクとして担当者やタイミングなどが分かれている場合にそれらを結合するべしというもの。例えば……

- 複数の機械工程を1つに結合し、段取り替えを不要にした
- 類似する作業をまとめて1人に担当させ、品質向上と共に教育の工数も削減した
- 機械の自動送りとバリ取りはこれまで別作業だったが1つの

作業にして時間を短縮した
- 3人で行っていたライン作業を屋台化して1人に統合した

他方、タスクの分離における基本的な考え方は、異なるスキルや異なるインプット情報や異なるツールが必要なタスクが、1つのタスクとして1人の担当者に委ねられている場合に分離すべしというものである。いずれもスキルマッチやタイミングの良し悪しを考慮して作業効率を高めることを念頭に置いている。例えば……

- 判断系と作業系が混在しているタスクを分離させ、悩まずスピーディに進められる作業はその担当に、判断が必要な業務はそれに長けた担当に集中させた

Rearrange（入替／代替）

作業順の入れ替えによる適正化、より低コストの方法での作業代替、より低コストの担当者への変更、手の空いている担当者への変更による負荷の平準化、等々を検討する観点だ。例えば……

- 加工の順序や機械の配置を入れ換えて時間短縮と低コストを実現した
- 使用頻度の高い工具をより取り出しやすい位置に配置し、動作や移動距離を削減した
- 紙の帳票、ハンコによる承認をワークフローシステムに替え、時間短縮、コスト削減、可視化向上を達成した
- 取説修正の手間を減らすべくチェックのタイミングを早めた

入替は、Combineにおける「結合」の考え方と同じく、一連の

流れで連続して行うのが効率的であるタスクを連続させるよう入れ替えることである。

　代替は、より低コストの別の方法に変更するというものであるが、この考え方は作業をより簡易化するという次に説明するSimplifyと酷似している。ECRSのカテゴライズに拘る必要はなく、よりよい方法へ変更できないか考えたい。

　担当変更には、より低コスト（≒より難易度の低いスキル保持者）な担当者に変更し、高単価な担当者はより難しい業務へシフトさせることを目指したものと、高負荷な担当者から負荷がそれほどでもない担当者へ作業分担を付け替えることで、全体の負荷を平準化させることを目指したものとがある。高いスキルを持つ者に業務は集中しがちであるため、単価と負荷は同時に考えるべきだろう。Rearrangeは作業の入れ替えを連想されるケースが多いかもしれないが、我々は担当の分担を最適化させることが本丸だと考えている。

Simplify（簡素化）

　Simplifyは業務の簡素化を表す。例えば……

- 工場のマニュアル作業を動作分析して簡素化（簡単かつ楽にできる動作に）した
- 承認プロセスとして慣例的に３つの組織の上長に回すことになっていたが、「承認」と「共有」を分けて、ワークフローをシンプルにした
- メールベースのコミュニケーションからチャットでプロジェ

クト毎にスレッド管理を行うことで情報流を簡素化した

一般的にはECRSは改善パターンというだけでなく、その改善効果の大きさの順番も表したものだと言われている。**改善効果が大きい順にEliminate ＞ Combine ＞ Rearrange ＞ Simplifyとなる**。しかしこの考えには少々異論を唱えたい。**最も効果薄とされているSimplifyこそが最も重要で、総合的に考えたときに改善効果が最も大きい**とは言えないだろうか。

確かにEliminateができれば最も効果的とは言えようが、これは前述の通り稀なケースでしかない。打率の低いホームランバッターと同じで、当たれば飛ぶが、そもそもあまり当たらない。Eliminateは一発屋とも言える。また、CombineやRearrangeは業務の性質によって効果がまちまちだ。業務ボリュームが大きく、かつ単純作業の比率が大きいような業務では力を発揮するだろうが、そのような労働集約型的な業務は昨今、とくに国内では減っており、ある程度のスキルや臨機応変さが必要であるため、常に効果を発揮できるとは限らない。ある投手にだけ強いピンチヒッターというところだろうか。

一方Simplifyは常に効果を発揮するアベレージヒッターだ。多くの業務で手順書のレベルまで整えられていることは稀であり、成果物のフォーマットも様々な経緯を経ての「できたなり」になっていることが多いのではないだろうか。これらを最適化・簡素化・単純化することは多くの場面で安定して効果を発揮することができるのである。

06 暗黙知の可視化

　整流化の一要素として特筆したいのが「暗黙知の可視化」である。

　有識者や熟練者でしか行えない、難易度が高いと思われる業務も、取り組みようによってはガイドライン化、手順化、パターン化、法則化などができる。有識者や熟練者がどのように考えて判断・行動しているのか、脳内の思考プロセスを放出してもらい言語化・明文化するのが「暗黙知の可視化」である。職人にしかできないと思われてきたその技をギリギリまで一般法則に落とし込むことが、それでも最後に残る真の職人技を清華として輝かせることになる。

　とは言え、彼ら自身が無意識に経験則で行っている業務であり、言語化は一筋縄ではいかないのも事実であろう。本人が言語化できないものを他人がヒアリング等によって言語化しようとするのは更に難しい。ではどのようにしてこの壁を乗り越えていけばよいのだろうか。

　大きく２つのアプローチがある。過去から解き明かすか、未来へ向けて積み上げていくか、である。

過去から解き明かすアプローチは、有識者や熟練者が対応した過去の多くの実例をひもとくことで、どのような考えで判断・行動が成されたのか、パターンや法則を解き明かそうとするものだ。大まかな整理まで進めたのならば、生煮えの状態であっても有識者や熟練者に素案をぶつけ、なぜこのように判断したのかを問いかけながら検討を進める。既に答えが出ている過去事例について解説を付けることは、本人が一歩引いて第三者的な視点で見直すことにもなるため、冷静な目・頭で考えることになり、最初からパターンや法則を言語化しようと試みるよりもハードルが低く、言語化しやすいからである。

　未来へ向けて積み上げていくアプローチは、過去に多くの実例がない、もしくは記録として残っていないようなケースで用いられる。これから発生する業務を彼らに通常通り対応してもらいながら、並行して判断・行動を分析・記録し、実例を積み上げることで、時間をかけてパターンや法則へと昇華させようとするアプローチである。これもコツとしては過去からの導出と同じで、その時その時の判断や行動の理由を解説してもらうのがポイントである。過去からのひもときよりも記憶が新しいためより正確な思考プロセスが確認できるという利点がある一方で、実例を多く積み上げないと汎用的な法則性は見いだせないため、ある程度の期間がかかってしまうのが難点である。

さて、本項で説明している「暗黙知の可視化」は、既に述べた「業務の可視化」「問題の可視化」と次に述べる「結果の可視化」という他３つの可視化に比べ、格段に難易度が高い。それは、元来対象としている業務が高度な上、非常に深く業務を理解しなければならないからだ。だがその分もたらされる価値もまた大きい。コンサルティングサービスの一形態に「実行支援」と称されるものがある。クライアントの実業務と改革のためのコンサルティングサービスを分離せず、実際の業務そのものを支援しつつ同時に改革も行うという形態を指す。この「実際の業務そのものを支援しつつ」という部分が業務理解を深めるのに大きく寄与する。業務改革支援の価値の源泉と言っても過言ではない。斯かるレベルでの業務理解、現実のクライアント実務を共にして得られる深い理解が業務改革には必要であることを強調したい。

07 結果の可視化

　業務改革の結果、「業務の滞りがなくなりスムーズに流れるようになった」「仕事の見晴らしがよくなった」「効率的になった」。いずれも好ましい現象ではある。ただし、どれも定性的な実感に留まっており、定量的に明示されたとは言い難い。では改革の効果をどう測るのか、「結果の可視化」について説明する。

　理論編で紹介の通り「FI（Financial Index）」と「OI（Operational Index）」との関連を明示することが重要だ。財務指標を行動指標にブレイクダウンする。その営みが結果の可視化には欠かせない。

　ではどうFIとOIをつなぐのか。日立製作所のROICツリーを例にとって次ページにそのイメージを記す。

図17

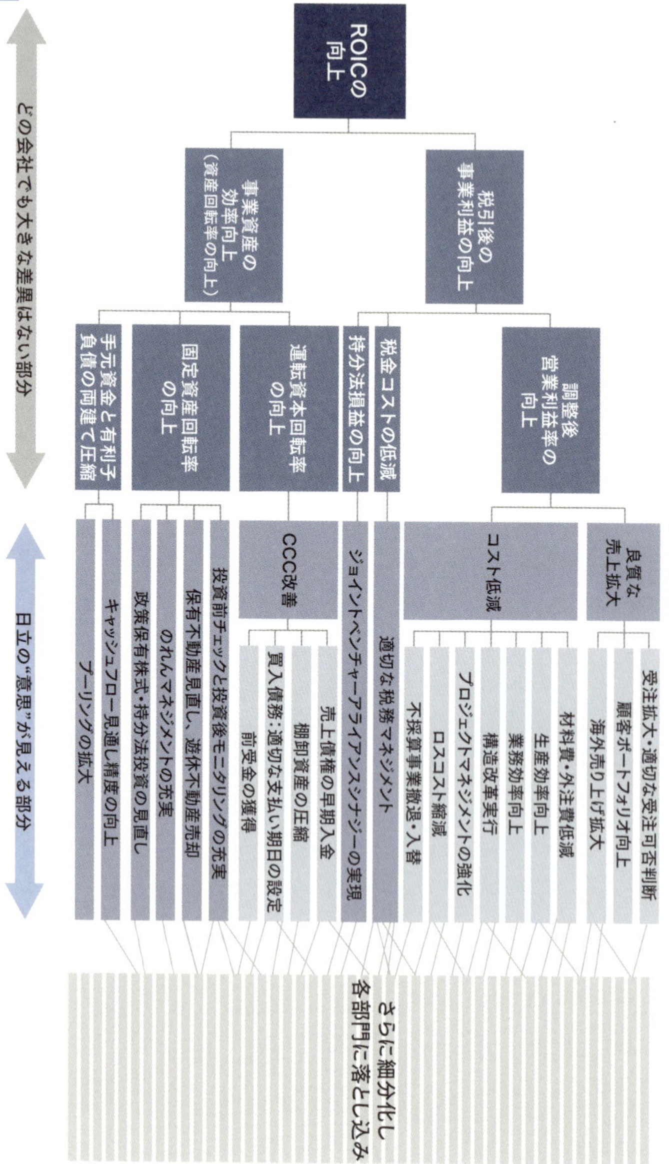

ROICの向上

- 税引後事業利益の向上
  - 調整後営業利益率の向上
    - 良質な売上拡大
      - 受注拡大・適切な受注可否判断
      - 顧客ポートフォリオ向上
      - 海外売り上げ拡大
    - コスト低減
      - 材料費・外注費低減
      - 生産効率向上
      - 業務効率向上
      - 構造改革実行
      - プロジェクトマネジメントの強化
      - ロスコスト縮減
      - 不採算事業撤退・入替
  - 適切な税務戦略マネジメント
  - 持分法損益の向上
    - ジョイントベンチャーアライアンスナジーの実現
  - 税金コストの低減
- 事業資産の効率向上（資産回転率の向上）
  - 運転資本回転率の向上
    - CCC改善
      - 売上債権の早期入金
      - 棚卸資産の圧縮
      - 買入債務：適切な支払期日の設定
      - 前受金の獲得
  - 固定資産回転率の向上
    - 投資前チェックと投資後モニタリングの充実
    - 保有不動産見直し、遊休不動産売却
    - のれんマネジメントの充実
    - 政策保有株式・持分法投資の見直し
  - 手元資金と有利子負債の両建て圧縮
    - キャッシュフロー見通し精度の向上
    - プーリングの拡大

どの会社でも大きな差異はない部分

日立の"意思"が見える部分

さらに細分化し各部門に落とし込み

出所：「日立総合報告書2021」よりティメックス社作成

左半分はROICを頭に据えた指標の機械的な落とし込み。これはどの企業、事業でも大きな差は出てこない。一方、右半分には明らかに日立としての意思が表出している。単純な売上拡大ではなく、"良質な"を形容句として掲げる。受注拡大は量的指標のみで測ることはできず、「ほしいのはよい注文」との声が聞こえてくるかのようだ。また、持分法をトリガーに「ジョイントベンチャーアライアンスシナジー」に焦点をあてるのも日立製作所ならではと言えるだろう。

　FIは機械的に落とし込めても、OIには企業・事業ごとの個性や意思が必要だ。FIとOIのつなぎ方に近道はなく「地道に考える」しかないが、左半分（財務指標）から右半分（行動指標）は生まれてこないことは理解すべきだ。もう少し具体的に見てみよう。

　売上拡大といってもその実現方法は1種類ではないだろう。未知の顧客、市場がありそこへの浸透を図ることで売上を拡大したいのならば、OIは新規顧客の訪問数や提案数を設定すればよいであろう。だが、その市場の特性上すでに商品・サービスは浸透しておりそこでのシェアの拡大が必要な場合はターゲット顧客のキーマンカバー率等別のOIが有効であろう。さらに日立製作所のように受注案件の質にこだわるのであれば、社内で行われる案件審査のパス率をOIにするのが適切なのではないか。ことほど左様に**OIには当該事業が置かれている環境とそれにもとづく経営の意思の反映が不可欠だ**。これを踏まえたうえで、OIをFIに結び付けてほしい。

図 18

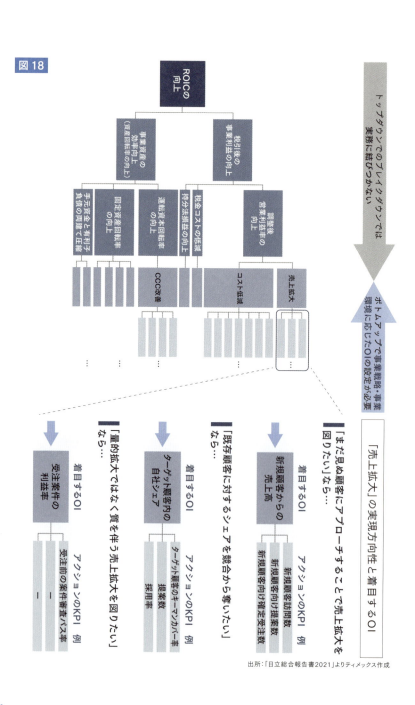

出所:「日立総合報告書2021」よりティメックス作成

理論編で指摘の通り、FIとの結びつきが明瞭なOIは現場の改革意欲を掻き立てる。経営貢献が明らかな分ちからこぶが入るというものだ。業務改革においてもその効果がリードタイム短縮、在庫数値の適正化といったSCM的なメトリックスにとどまらず、それらを通じて資本効率性の向上等、株主にアピールし得る指標までつなげたい。製造現場の活動がマーケットにまで響く。まさにオペレーショナル・エクセレンスの真骨頂であろう。

　ツリーができたら次は目標数値の設定だ。現実的な改革効果の積み上げでは、現状の延長線上の改善に留まりがちだし、だからと言って意識の高すぎる目標を掲げても画餅に帰してしまう。ではどうするか。以下にいくつかの考え方を記しておこう。
- 理論的なベストケースを算出し、その値へ寄せる
- 参考になる何か（他社ベンチマークや他業界事例等）を基にする
- モチベートされるキリのよい目標を据える（倍増、半減、大台突破、等）

つなぎ方（FIをどうOIにブレイクダウンするか）は業務の性質によって様々だが、ここが結果の可視化における極めて重要なポイントだ。業務改革に取り組もうとする読者諸賢はぜひ粘ってほしい。

以上、結果の可視化を主にどう定量化するかの観点から述べた。だがやはり定性的な実感もまた重要と強調しこの項の結びとしたい。むしろ、定性的な「よくなった」という実感なく数字の上でのみ改革されたかのように見えるだけという方が危険であり、「楽になった」「早くなった」「間違いが少なくなった」などの生の声こそが次の業務改革（継続的取り組み）の源であろう。生の声をアンケート等で取集し、その上で既に述べた定量的な効果の裏付けもする。定性・定量両面で成果を実感してほしい。

08 人ではなく仕組みで回す
～定着化に向けて

　貴社で業務改革の取り組みが一段落したと想定してみよう。然るべき業務フローを描いた。そこから「削減・結合・入替・簡素化」を経て競争力のある強いオペレーションが具体化されたとしよう。では次にどうするのか。業務マニュアルに落とし込む。手順書の説明会、ユーザートレーニングを行う。いずれも結構だ。だが、そうした営為はいずれも「人」に主眼を置いた定着化であり、「仕組み」によるものとは言えない。そもそも教科書がどれほど優れていても常にそれを傍らに置きながら業務に当たれるわけではないし、仮にできたとしても、いちいち文書を確認しながら業務遂行をするのでは、肝心の効率が損なわれてしまうだろう。

　ではどうするのか。問いは「業務を回すのは人か仕組みか」である。人で回すが答えならば教科書を頭と体に叩き込むために「人材育成」にフォーカスすればよいであろう。しかし元来人材育成には時間が掛かるし、その成果は必ずしも一定しない。人によるバラツキやミスを防ぐことが難しくなりがちであり、せっかく整えた業務標準たる業務フローが崩れ、特殊な不必要な例外ケースを誘発することにもつながるであろう。人材育成の重要性をいささかも否定するものではないが、それへの過剰な傾斜からはオペレーショナル・エクセレンスは生まれない。本書ではむしろ

「業務品質を担保するのは仕組みである」と訴えたい。

　では「仕組みで回す」とは何を意味するのであろうか。本書でもたびたび使用しているこの言葉について思考を巡らせたい。

　我々にとって「仕組みで回す」の対義語は「個性で回す」または「個人の力量で回す」である。卓越した個人が存在しその人物の持つカリスマ的な魅力、強烈な個性、比類なきスキルがあって初めてその場所に到達できる。余人をもって代えがたいタレントの持ち主であり、まさに立志伝中の人物と言ってもよいであろう。そこまでの天才性を保持していなくても「〜さんに任せておけば安心だ」といった表現は日常の中でも頻繁に行われていると思う。

　一方、「仕組み」は個性に過剰に依存したりはしない。メカニズムが業務品質を担保するのであり、卓越した個人ではないのだ。ＡさんだからできるはＡさんがいなければできないに他ならず、メカニズムの作用は限定的だ。それでは事業体は成り立たない。継続性も保てない。

　ではもう一歩進めて「仕組み」の構成要素、仕組みの中身を考えてみたい。図中に「６つのコンポーネント」と表現した。

①ミッション・ビジョン・バリュー
②役割と責任（Role and Responsibility）
③人的リソース
④ITツール
⑤業務体系
⑥評価指標

　この６つの総称を「仕組み」と呼ぶ。そしてその中心にマネジャーが座る。ある人物があらたにアサインを受けたとしよう。あるポジションに外部から人材をハントして就任してもらうのでもよい。その人物に「あなたの業務の目的・狙い・実現してほしいビジョンはこうです」（①）と伝える。"This is what you work for"である。次に、「あなたに与えられる職務環境はこうです」が説明される。それは自身の責任と権限（②）や与えられるチームメンバーとその保有スキルまたは成長を促す教育プログラム（③）だ。さらに情報システム環境（④）、具体的な仕事の進め方としての業務体系（⑤）が続く。いずれも"This is how you work"にあたるであろう。最後に評価指標（⑥）が説明される。これは「あなたのパフォーマンスはこういう指標で評価されます」であり、"This is how we measure you"となる。

　これらの総称を「仕組み」と呼んでおり、これが整っているのがオペレーショナル・エクセレンスである。本書の序文でグローバルスケールのコングロマリット企業の経営層からの話として、「ウチのマネジャーは1.5流の能力の持ち主で十分務まる」とのコ

図19

"仕組み"が提供する3つの指針と6つのコンポーネント

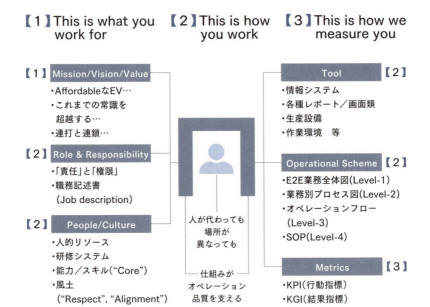

メントを紹介した。そして、その意は「仕組みが一流だから」と。

これは長年グローバルスケールのコンサルティングファームに勤めた筆者の自己の経験にも相通じる。そこではミッションやビジョン（そもそも何のために働くのか、何のためにこの仕事はあるのか）は明確であり、それらの浸透を図るために繰り返しの発信が行われていた。また、職務環境として必要なツール類は整っていた。業務プロセスはシンプルかつ明確で関係者全員が違和感なくその流れに則って職務を遂行していた。情報システムは使い勝手は決して褒められたものではなかったが共通基盤として存在し、コンサルタントとしてのスキル定義や成長のためのトレーニングプログラムも準備されていた。そして評価指標。自分はこのメトリックスで評価されるとの認識は個々の判断や行動に大きな影響を及ぼす。これは１つではなく複数のコンビネーションで売上や利益等のみを追求しても評価にはつながらず、顧客満足度と共に自らのチームメンバーによる従業員満足度でのスコアが反映される。要は「あとは自分が頑張るだけ」という状況であったし、その中でパフォーマンスを発揮するのは楽ではなかったが、目の前の仕事に集中できたのは確かである。

話を戻そう。**経営とはまさに仕組みをつくることに他ならないと言ってもよいだろう。オペレーショナル・エクセレンスとは「優れた仕組み」によってもたらされると言っても過言ではない。**「仕組み」は製品のこと（Product Innovation）でも、顧客のこと（Customer Intimacy）でもなく、一にかかってOperational Excellenceを意味するのだ。

09 仕組みを実態に追従させ続ける

　一度つくられた仕組みは未来永劫効果を発揮し続けるということはあり得ない。陳腐化の速度は急であり、常に変化と深化を続けなければならない。では、変化する実状に仕事の進め方（＝仕組み）を追随させ続けるには何が必要であろうか。その答えを「業務改革の専門組織化」に求めたい。

　通常、業務を行うのはそれぞれの職能組織でありそこには各部門の長が配置されている。その人々の役割は「与えられた権限の範囲で業務を行うこと」であろう。設計部門ならば製品の開発であろうし、営業部門ならば売上の拡大・顧客対応・販路開拓となる。だが、業務の端から端までを"自分の業務は持たずに"業務の体系全体を管理・監督し、常に最新の状態を維持する部門はどうだろうか。多くの企業で「それはマネジメント層が共通して果たすべき役割」として専任組織を置いていないか、置いても"業務改革推進室"といった名称とは裏腹に十分な権限が付与されてはいないものと推察する。我々が推奨するのは業務体系を変更する権限を持った専任組織である。

　ここで独シーメンス社の標語"Why are there still so many jobs？"に言及したい。これはIndustry4.0を標榜するシーメンス社がオートメーションになぞらえて仕事の進め方革新（多くは工場

内の生産作業）を唱える標語だが、これを業務改革全般（生産のみならずモノづくり企業の業務すべて）にまで敷衍してとらえたい。この標語の意味するところは次の通りである。

"過去200年にわたって自動化（オートメーション）は進展して来た。だが、これまでのところ置き換えられた仕事よりも新たに生まれた仕事の方がはるかに多い。今回もまた多くの作業が新たに生まれるだけなのか？　なぜこうも多くの作業が未だに続いているのか？"

軽々な問いではないと思う。「科学技術の進歩は必ずしも人類を幸福にしてはいない」とは多くの識者が指摘するところではあるが、そこまで大上段に構えずとも日々の仕事に引き付けてとらえ得る指摘であろう。これまでも自動化・省人化・IT化・ERP導入等の旗頭の下、多くの取り組みがなされて来た。そして今、DX・AIが日々声高に喧伝されている。では、果たして仕事の進め方は効率的になり、業務は減っているのか、と。その答えを更なるIT化に求めるのではなく、業務改革の専任組織（体系変更の権限を持つ）に求めるというのが我々の考えである。

ここでプロセスオーナーという考えに触れておく。

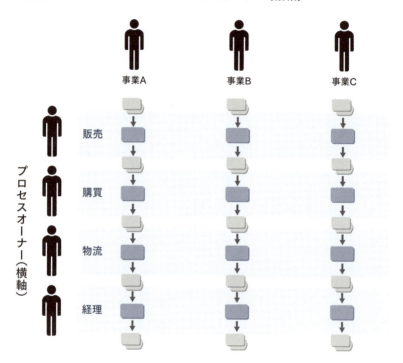

図20 プロセスオーナー（縦軸）／プロセスオーナー（横軸）

　プロセスオーナーは内部統制強化の文脈から発生した役割であり「業務プロセスの内部統制の責任者を指し、業務の目的やリスクを把握した上で、適切に業務プロセスの設計・構築・運用を遂行する」というのが一般的な解釈であろう。プロセスオーナーの承認がなければ業務プロセスを変更できなくなるため、内部統制の強化に資するという考え方である。他方、「オーナーという言葉につられて、偉い人がアサインされがち。執行役員や事業本部長がプロセスオーナーだとしても、実効性のある改善活動には繋

がりにくい。同時に予算も権限もないプロセスオーナー代行者では、うまくいかないことが多い」等の指摘も有効であろう。

　ここでプロセスオーナーは縦軸(事業)か横軸(機能)かという問題が出てくる。現在プロセスオーナーを設置している企業には両方のケースがあるようだが、我々の見るところ横軸(機能)の成功例はあまりない。理由は2つある。1つ目は言うまでもなくEnd to Endになりにくいという点である。職能長が当該プロセス設計の責任者では、機能最適を求めるのは当然であり、IT化に際しても「自部門業務の効率化」に舵を切るのは当たり前であろう。2つ目の理由は収支責任の有無である。プロセスオーナーは決して内部統制審査を速やかにクリアするために存在するのではない。当該事業の業務効率を上げ、"強い事業"を作り上げるための活動として取り組まれなければならない。その観点から無駄を排除し、重複を避け、簡素化し、効率化するのである。これらの営みは全て収益の最大化に端を発するといっても過言ではない。プロセスオーナーの軸議論(縦か横か)は未だ決着を見ていない論点かもしれないが、本書では明確に縦軸に軍配を上げておく。

　そしてここに業務改革の専任組織が位置づけられるのだ。それは各職能を束ねる位置づけであり、レポート先は各事業部長となる。各職能を束ねることでEnd to Endの視点を保ち、各事業部長のオーソライズを得ることで権限を担保する。そしてその組織こそがBPM(Business Process Management)の役割を果たす。具体的には以下4つのタスクを実行する。

①As-Isの可視化

BPMの責任組織としてすべての業務（生産だけでなく）プロセスを管理する（業務フローを作成、更新する）。

②As-Isの分析と改善ポイントの抽出

業務効率を測るKPI（マニュアル率、標準適用率、自動化率等）を設定しプロセスを分析。改善点を洗い出す。

③変革の立案と主導

改善施策を実行計画に落とし込み、変革の完了まで見届ける。

④効果検証と継続運用

変革効果を評価し、継続的運用と改善を主導する。

　業務改革の専任組織は業務プロセスのお目付け役であると共に事業への価値貢献の主役である。決してオペレーションそのものを担うわけではないが、その認証なくして業務が遂行されることはない。企業価値3本柱のうち"オペレーショナル・エクセレンス"で事業を輝かせる立役者と言えよう。

10 風土としての定着化へ向けて

　改革機運が風土として根付いている企業は強い。いわゆる改革が"自働き化"している状態を指す。リーダーがとくに旗を振らずとも、ボトムアップ的に現場から業務改革のネタが沸き上がり実行に移されて行く。地政学的変化への対応等トップダウン手法が用いられるケースでも実行のスピードは上がっていく。現状の組織体系や役割定義を是とせず、常にEnd to Endで組織をまたがり、顧客目線で価値を訴求する。現状に疑問を投げ掛け続け、よりよいオペレーションを求め続ける企業風土があれば、経営者としてこれほど心強いことはないだろう。

　下に「変革のフレームワーク」を示す。

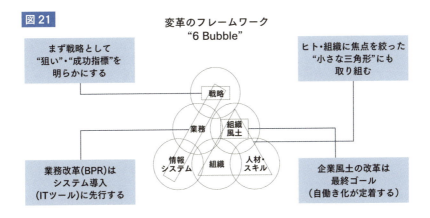

図21　変革のフレームワーク "6 Bubble"

これは"6バブル"とも称され、企業変革の枠組みを図示したものだ。まずトップに掲げられるのが「戦略」であり、ここで変革の狙いや成功指標を定義する。モノづくり企業ならば在庫削減、リードタイム短縮、顧客満足度向上等があたり、その数値が明示される。その上で戦略の左下に移り、「業務」→「情報システム」となる。この際、順番には留意されたい。世に「ITツールはあるべき業務を達成するための手段であって目的ではない」とのメッセージは広範に流布しているが、それはこの警鐘がいまだ力を持つからに他ならないのではないか。相も変わらずITベンダーからユーザー企業へのアプローチは喧しい。SAP HANAがどれだけ革新的であろうとも、それは業務改革の成功を保証はしない。DX（Digital Transformation）が煌びやかに持て囃されても、それが意味を持たない事業体は厳として存在する。戦略に基づく業務改革は常にシステム導入に先行し、その逆は戦略の実現に寄与しはしないだろう。この過去数十年にわたって言い伝えられてきたメッセージは既に手垢がついているが、未だ有効であり続ける。

　大きな三角形の中にあるもう1つの小さな三角形に着目してほしい。そこには「組織」「人材・スキル」「風土」とある。3つのエレメントは相互関連しているが、ここにも順番があり、「風土」は最後に結実する。「組織」とは体制と言い換えてもよく組織設計を指し、「人材・スキル」とは有意なスキルを持つ有意な人材を指す。この2つが相俟って組織力となりそれが「風土」を育む構図だ。「風土は」最後に結実と言ったが、それは小さな三角形

だけでなく大きな三角形でも同様である。変革のフレームワークは「戦略」から始まって「風土」に結実する。「風土」こそ「戦略」で定義された目的・目標を超え得る変革の帰着点と言ってよいであろう。

　風土とは、現場・組織内のメンバー間で言外に共有されその行動を左右する価値観や考え方であり、メンバーがどう行動するかの基礎・土台となっているものである。それがあることで、誰に何かを言われなくとも、何らかの教科書やお手本がなくとも、自然とその現場・組織として望ましい行動が表出する。だが、その醸成に際しこうすればよいという万能薬は存在しない。

　オペレーショナル・エクセレンスは１日にしてならず。息の長い取り組みとなるだろう。本書以外にも様々な実際的な工夫が可能であろう。日々の努力で業務改革実践の知恵を積み重ねてほしいし、我々もその努力を継続する。それが競争力の源泉としてチカラを持つと信じるからだ。

オペレーショナル・エクセレンス　事例3

オペレーションモデルによる高収益の実現
キーエンス

中長期　「特注品受注」から「新製品の短サイクル投入」で顧客ニーズを充足
（標準品売込）

「キーエンス～群を抜く高収益経営」

特注品を受け付けない　― 要望に応じれば高い単価が期待できるが、コストも高くなる

特殊な設備が必要な製品や、部品点数が多く製造に負担の掛かる設計は避けている

製造が面倒な設計はしない

性能向上のスピードを高速化　― 他社よりも短いサイクルで新製品を投入することで、多様な顧客ニーズに応えようとしている

一般的な声
- カスタマイズを受けなければ受注できない
- "標準"は創意工夫を阻むもの

"キーエンスの高収益体質の理由は、他社との差異化を徹底することで比較的高い単価でも顧客を引き付け、並行して屈指の低コストを実現しているから"（日経産業新聞　11/19/2021）

オペレーショナル・エクセレンス —— 事例

　キーエンスは高収益企業として名高い。そして彼らの事業運営には他社の常識とは一線を画す特徴がある。Ｂ２Ｂビジネスにおいて"顧客要望を満たす"ことを御旗に「カスタマイズを受け付けなければ商売にならない」、「設計の自由度を阻む"標準"は創意工夫の阻害要因になる」との声は決して珍しいものではないだろう。我こそは顧客指向との思いがあるだけに説得は容易ではない。だが、キーエンスでは特注品を受け付けないという。さらに製造性が低い（製造工程が面倒になるような）設計はしないともいう。なぜか。それは性能向上のスピードが高速化されている（＝オペレーションの回転が速い）からであり、他社よりも短いサイクルで新製品の投入が可能だからだ。彼らもまた当然のことながら顧客ニーズを充足させている。他社とは異なるアプローチによって。

オペレーショナル・エクセレンス　事例4

ディスコン推進で
オペレーションを軽くする
大塚商会

 中長期

いつ売れるかわからない
製品群の製造中止を決定し、顧客へ告知
（ディスコン促進）

大塚商会の廃版会議

目的	製品ラインアップのシェイプアップ
効果	1. 供給責任からの免責 2. 営業部門の意識改革

営業部門のコメント例

"そんなにディスコンしたら、売上減だけでなく顧客を失いますよ"

"いつか売れるはず"

"タマ（製品）を失いたくない"

 野放図に広がってしまった、いつ売れるかわからない製品群を整理整頓して顧客へ告知

"「製品開発会議」と「製品廃版会議」この二つの会議のメリハリが重要です。
明らかに「廃版会議」の方が、経営者マターとしてその力量が試されます"
（大塚商会　SI統括部）

ディスコン（廃版）はどのモノづくり企業にとっても頭の痛い問題であろう。商品ラインアップは幅広い方が売上の拡大につながる。いつ売れるかはわからないがいつか売れるかもしれずその可能性は否定できない。営業パーソンにとっては自らの数値目標を追いかけるために軽々なディスコンは御免こうむりたいと思うのは自然なことだ。他方、増加する一方のモデル数は業務コストにとっては負担である。品番数の多さは余剰在庫を生み、システムリソースを食い、至るところで業務を重たくする。大塚商会は製品開発会議と並んで製品廃版会議を開催し常に製品群を整理整頓する業務メカニズムを導入している。「廃版こそ経営者マターとして力量が問われる」。まさに業務ボリュームや負荷を無尽蔵に増加させないためのダイエット的仕掛けと言えるだろう。

終章

改革人材(トランスフォーマー)になろう

オペレーション人材ではなく、
トランスフォーマーになろう！

最後に改革人材の育成について述べたい。そして本書を手に取ってくださった方々にトランスフォーマーになろうと呼びかけたい。

　改革人材はオペレーション人材とは異なる。前者は仕組みをつくる人であり、後者はその仕組みの中で業務を回す人である。たとえ事業部長であろうとも、またエリアマネジャーであろうとも定められた業務メカニズムの中でよりよいパフォーマンスが求められる限りにおいてはオペレーション人材であり、改革人材ではない。改革人材のスキルは日常業務の延長線上にはなく、従って粛々と業務に勤しんでいればやがて獲得できるスキルではないのだ。オペレーショナル・エクセレンス実現のためには改革人材を業務オペレーションの任を持たない形で常設配置しなければならないし、何よりも育成しなければならない。

01 改革人材に必要な要素

　改革を構想し実行するトランスフォーマー人材は時間を掛けて、計画的に育成しなければ育たない。だが、かかる認識は未だ一般的とは言えず、通常業務でよい成果を出した者にその延長線上として改革プロジェクトを任せるケースがほとんどではないだろうか。そしてそのギャップに難渋するのだ。自分の経験の内側と自分の視野に収まる範囲だけで勝負できるようならばそれはおそらく改革ではなく改善に過ぎないであろう。改革人材にはそれとは異なる要素が求められる。

　では、トランスフォーマーが具備すべきチカラをジョン・コッターの「企業変革8つのプロセス」になぞらえて整理してみよう（【図22】参照）。

　8つのプロセスのうち1と3を"変革構想力"、2と4から6を"変革実行力"、7と8を"変革定着力"と名付けた。そしてそのそれぞれのチカラを分解して以下の通り定義づけた（【図23】参照）。

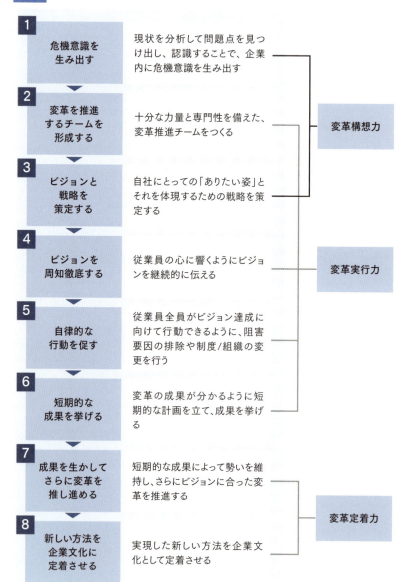
図22　企業変革8つのプロセス（ジョン・コッター）

終章　改革人材(トランスフォーマー)になろう

図23　　　　　　　　　　改革人材に必要な要素

変革構想力

変革対象の業務／ITを知っている

▶自社のビジネス全般についての理解
・バリューチェーン、ビジネスモデル

▶担当領域の業務経験、その領域における専門的な知見
・業務課題、業界標準、事例

現状を分析し、問題を特定できる

▶環境分析・可視化・課題特定のスキル
・環境分析フレームワーク、業務フロー作成、ロジックツリー操作

▶表現・説明のスキル
・ドキュメント＆プレゼンテーション

理想の姿を描ける

▶ソリューション検討のスキル
・デザイン＆ロジカルシンキング、ブレーンストーミング

変革実行力

変革の進め方を知っている

▶変革の進め方・プロジェクトの勘所へ理解と実践能力
・変革の方法論

▶実行可能な計画の立案能力・計画通りに進める管理能力
・プロジェクトマネジメント

関係者を巻き込み、変革を推進できる

▶変革必要根拠の説明や関係者の共感を得るためのビジョンを伝えるスキル
・ドキュメント＆プレゼンテーション

▶関係者のモチベーションの維持や、抵抗者への対処など人に対する影響力を発揮するチカラ
・リーダーシップ、チェンジマネジメント

変革定着力

変革を風土とするテクニックを知っている

▶自社の風土とその変革に寄与するポイントへの理解
・コミュニケーションプログラム、モチベーション施策、インセンティブ

次のトランスフォーマーを育てられる

▶変革を定着化させ永続的な成果をもたらすために、メンバーを育成する
・人材スキル定義、スキル分析、教育プログラム

①変革構想力
- 変革対象の業務／ITを知っている
- 現状を分析し、問題を特定できる
- 理想の姿を描ける

まずAs-Isを詳らかにでき、課題分析が行え、To-Beを描く営みを指している。おそらく現状の可視化は個人で完結はしないだろうし、先進事例や業界標準の獲得には外部知見が必要かもしれないが、それは構わない。改革人材はすべてを理解している必要はなく、必要な人材を巻き込み、そしてそれを統べることができればよい。分析やTo-Be像を描く行為も同様だ。ただし、理想像がそのプロジェクトの真の狙いに合致するものであるかどうかは人任せにはできず、改革人材が自ら判断を下さなければならない。

オペレーショナル・エクセレンスを目指す改革ではなおさらのことで、描かれたメトリックス、業務体系、ITツール、人材定義、組織体系がその名に値するかは誰でもないトランスフォーマー本人が経営トップと握らなければならない。

②変革実行力
- 変革の進め方を知っている
- 関係者を巻き込み変革を推進できる

オペレーショナル・エクセレンスは数多ある改革プロジェクトの中でも息の長い取り組みと言えるだろう。一言でいえば仕事の進め方・仕組みを変えるということになるが、仕事は変えずとも今日も行われており、非効率ではあれ前に進んでいるのは確かだ。

今これを変えなければ明日生き残れないとの切迫感を持ちにくい取り組みであるが故に、より変革の実行力（息切れしないチカラ）が重要になってくる。ここではプロジェクトマネジメントの知識とスキル、及びコミュニケーションプログラムの巧拙が意味を持ち、トランスフォーマーがその重要性を理解しているかが、大きな分水嶺になる。

③変革定着力
- 変革の自走を風土とするテクニックを知っている
- 次のトランスフォーマーを育てられる

オペレーショナル・エクセレンスに限らずプロジェクトとは有限、一過性のものであり通常業務とはおのずからその成り立ちを異にしている。だが、改革の自働（じばたらき）化が実現されている企業は強い。現場発信で改革が生まれる。今日の業務を当たり前だと思わない。次工程と前工程に目が届き一気通貫で業務を俯瞰する。常にこの仕事の根本的な価値は何かを自問自答する。そしてどの部門、どの職位から出たものであろうとも正論であれば組織の垣根を越えて変革に取り組む。そうした企業としての変革の風土を醸し出せるか、一過性の取り組みではなく変革を定着できるかがオペレーショナル・エクセレンスの最終ゴールとなろう。そのためにも次のトランスフォーマーの育成は欠かせない。仕組みは導入した直後から陳腐化が始まるのだ。

02 改革人材をどう育成するか

　ではそれらのチカラを持つ人材をどう育成すればよいのだろうか。

　基本的なスキルセットを身に付けるのに座学は意味を持つ。上述の改革人材に必要な要素になぞらえて習得すべきスキルセットを整理すると右の図となる。

　いずれも一般的なリーダーシップ教育、マネジャー教育として準備されているプログラムであり、その限りにおいて座学は意味を持つ。だがそれだけでは足りないのもまた自明であろう。ではその先に打ち得る、打つべき施策は何か。その答えは一様ではなくかつまた秘策はなく、地道にそして継続的に取り組むより他ないと思われる。

　トランスフォーマーは日常業務の延長線上で育成されはしない。意図を持って候補者を選抜し、意思を持って長期的観点からその育成に取り組んでほしい。それ以前に何よりもまず読者たるアナタにトランスフォーマーになっていただきたいと切に願う。トランスフォーメーションを知る者は汎用性の高いマネジメントスキルを持つことになるし、それこそがVUCAの時代、企業経営に最

終章　改革人材になろう（トランスフォーマー）

図24

トランスフォーム人材に求められる3つのチカラ

変革構想力

変革実行力

変革定着力

習得すべきスキルセット

業務／IT知識	・改革対象領域の業務／ITを知っている
現状把握・課題発見力	・自社の取り巻く環境を踏まえて、改革対象領域の現状を可視化し、取り組むべき課題を設定できる
問題解決力・創造力	・特定した問題の解決策を検討できる
表現力	・改革の必要性と目指す姿について、改革に関わる人が共通認識を持てるように表現できる
プロジェクトマネジメント力	・実行可能な計画を立案し、計画通りに進めるためのプロジェクトマネジメントの方法論を知っている、実践できる
チェンジマネジメント力	・改革の進め方や、改革プロジェクトの勘所を知っている、実践できる
リーダーシップ	・目標達成へ向けて個人やチームに行動を促す力
利害調整力	・抵抗者への対処など、人に対する影響力を発揮できる
主体性、責任感のマインド	・「PJの成功にコミットする」姿勢を表現し行動に移すことができる

も有用なスキルセットだと思うからだ。

　以上、ここまでオペレーショナル・エクセレンスについて我々が思うところを述べてきた。「戦略と実行は一体」。繰り返し言われてきたビジネスキーワードである。それが今日でも古びないのは如何に「実行されない戦略が多いか」の証左でもあろう。そしてこれまで以上に先が見えにくく、長期スパンでの見通しが立ちにくい昨今、一度立案した戦略の陳腐化が瞬く間に生じるのも事実であり、もはや戦略の完全性・完璧性よりも実行のスピード力の方がその重要性を増していると言っても過言ではない。だからこそオペレーショナル・エクセレンスである。

　エクセレントカンパニーは戦略が優れている。それは間違いないだろう。だが、それ以上に実行のスピードに秀でている。筆者はそう考えかつそう実感している。印象的な一文を紹介したい。

「どの企業のどのCEOよりも大きな株主価値を生み出してきたティム・クックも、オペレーションのスペシャリストである。彼は、明確なビジョンを持つスティーブ・ジョブズがアップルを率いていた時代でさえ、同社の成功の秘訣はオペレーションの革新性にあったと確信している」

マーティン・リーブス　ボストンコンサルティンググループ ヘンダーソン研究所 所長

出所：企業の競争優位につながる「これからのオペレーション」の条件（ハーバードビジネスレビュー2023.12.14）

終章　改革人材(トランスフォーマー)になろう

　本書冒頭に掲げた通り、企業のチカラの源泉をマイケル・トレーシーとフレッド・ウィアセーマ「ナンバーワン企業の法則」で３つに分けて整理した。

1．カスタマー・インティマシー
2．プロダクト・イノベーション
3．オペレーショナル・エクセレンス

　そして本書の主張はオペレーショナル・エクセレンス（業務で利益を生むチカラ）にこそ注目すべき価値があるというものである。企業を取り巻く変革スピードは「ナンバーワン企業の法則」が世に出た1995年と比して各段に高速化しているだろう。それに伴いオペレーショナル・エクセレンスの重要性も増している。だが、その位置づけは他の２つと比べて十分な注目を浴びていない実態は変わっていないように思える。
　今がチャンスであろう。ビジネス環境変化が激しい今だからこそ、変貌する事業戦略を包摂しその影響を吸収するオペレーションモデルの構築が決定的に重要なのだ。現状行っている日々の業務に疑問を持ちながら勤しんでいる人々は少なくないのではないか。もっとこうすれば無駄がなくなるのに……効率的になるのに……顧客満足につながるのに……。その小さなアイディアをぜひトータル業務の高度化まで昇華させてほしい。本書がその小さなアイディアを呼び覚まし、御社のBPRのきっかけとなれば望外の喜びである。

末筆ながら、本書の内容は筆者一同のこれまでのコンサルティング事業経験がもとになっている。多くのクライアント、ティメックス株式会社の従業員各位に感謝したい。みなさん、いつもありがとうございます。また、我々の仕事は家族の理解と応援があればこそ。書籍に知見をまとめることは職業人としての来し方を振り返ることでもあり、あらためてその存在の有難味を実感している。今後ともよろしくお願いします。

　本書の執筆・編集・出版はクロスメディア・パブリッシングの川辺秀美氏に負うところが大きい。氏の適切な支援に別して謝辞を献じたい。

［出典］

○ナンバーワン企業の法則：勝者が選んだポジショニング（マイケル・トレーシー、フレッド・ウィアセーマ　日経BPマーケティング　2003.7.1）

○日立製作所から見る「良いROIC経営」と「悪いROIC経営」を見分ける3つのポイント（ダイヤモンドオンライン　2022.2.11）

○企業の競争優位につながる「これからのオペレーション」の条件」（ハーバードビジネスレビュー　2023.12.14）

○ナイキIRサイト（Form 10-K　年次報告書）

○アシックスIRサイト（有価証券報告書）

○「アシックス、パリ五輪で狙う「金」収益力は世界レベルに」（日経新聞 2024.6.17）

○「ZARAの物流戦略はいったい何がスゴいのか」（東洋経済オンライン　2018.8.10）

○「サプライチェーンマネジメントは新ステージへ、全体最適の範囲を拡張せよ」（MONOist　2019.11.19）

○「キーエンス、年収2000万円でも安い？　群抜く高収益経営」（日経産業新聞 2021.11.19）

○「第37回 廃版会議のススメ」（ERPナビ 大塚商会　2014.12.5）

［著者略歴］

田中陽一（たなか・よういち）
ティメックス株式会社 オーナー。1966年神奈川県鎌倉市生まれ。明治大学政治経済学部卒。アクセンチュアにてエレクトロニクス・ハイテク分野のマネージング・ディレクターを経てティメックス社を設立。

杉山徳伸（すぎやま・とくのぶ）
ティメックス株式会社 代表取締役。1978年長崎県佐世保市生まれ。早稲田大学理工学部卒。株式会社CSK（現SCSK）で組込みソフトのエンジニアとしてモノづくり支援のキャリアをスタートし、アクセンチュアにて精密機器業界・製品開発業務を中心とした業務改革支援に携わった後、ティメックス社を設立。

住吉光博（すみよし・みつひろ）
ティメックス株式会社 パートナー。1976年埼玉県生まれ。早稲田大学政治経済学部卒。株式会社NTTデータを経て、アクセンチュアにてエレクトロニクス・ハイテク業界や通信業界を中心とした業務改革、システム改革支援に携わった後、ティメックス社の立ち上げに参画。

オペレーショナル・エクセレンス
──業務改革（BPR）の理論と実践

2024年11月1日　初版発行
2025年2月14日　第3刷発行

著　者　田中陽一・杉山徳伸・住吉光博

発行者　小早川幸一郎

発　行　株式会社クロスメディア・パブリッシング
　　　　〒151-0051 東京都渋谷区千駄ヶ谷4-20-3 東栄神宮外苑ビル
　　　　https://www.cm-publishing.co.jp
　　　　◎本の内容に関するお問い合わせ先：TEL(03)5413-3140／FAX(03)5413-3141

発　売　株式会社インプレス
　　　　〒101-0051 東京都千代田区神田神保町一丁目105番地
　　　　◎乱丁本・落丁本などのお問い合わせ先：FAX(03)6837-5023
　　　　service@impress.co.jp
　　　　※古書店で購入されたものについてはお取り替えできません

印刷・製本　株式会社シナノ

©2024 Yoichi Tanaka, Tokunobu Sugiyama, and Mitsuhiro Sumiyoshi, Printed in Japan
ISBN978-4-295-41028-7　C2034